Fundamentos psicanalíticos

2ª edição

Fundamentos psicanalíticos

Emérico Arnaldo de Quadros

Rua Clara Vendramin, 58 . Mossunguê
CEP 81200-170 . Curitiba . PR . Brasil
Fone: (41) 2106-4170
www.intersaberes.com
editora@intersaberes.com

Conselho editorial
Dr. Alexandre Coutinho Pagliarini
Dr.ª Elena Godoy
Dr. Neri dos Santos
M.ª Maria Lúcia Prado Sabatella

Editora-chefe
Lindsay Azambuja

Gerente editorial
Ariadne Nunes Wenger

Assistente editorial
Daniela Viroli Pereira Pinto

Edição de texto
Monique Francis Fagundes Gonçalves

Capa
Iná Trigo (*design*)
Sílvio Gabriel Spannenberg (adaptação)
agsandrew/Shutterstock (imagem)

Diagramação
Estúdio Nótua

Equipe de *design*
Sílvio Gabriel Spannenberg

Iconografia
Regina Claudia Cruz Prestes

Dados Internacionais de Catalogação na Publicação (CIP)
(Câmara Brasileira do Livro, SP, Brasil)

Quadros, Emérico Arnaldo de
  Fundamentos psicanalíticos / Emérico Arnaldo de Quadros. -- 2. ed. -- Curitiba, PR : InterSaberes, 2023. -- (Série panoramas da psicopedagogia)

  Bibliografia.
  ISBN 978-85-227-0813-0

  1. Aprendizagem 2. Crianças - Desenvolvimento 3. Crianças e adolescentes 4. Epistemologia 5. Psicanálise 6. Psicopedagogia I. Título. II. Série.

23-167497   CDD-370.15

Índices para catálogo sistemático:
1. Psicopedagogia   370.15

Eliane de Freitas Leite – Bibliotecária – CRB 8/8415

1ª edição, 2018.
2ª edição, 2023.

Foi feito o depósito legal.

Informamos que é de inteira responsabilidade do autor a emissão de conceitos.

Nenhuma parte desta publicação poderá ser reproduzida por qualquer meio ou forma sem a prévia autorização da Editora InterSaberes.

A violação dos direitos autorais é crime estabelecido na Lei n. 9.610/1998 e punido pelo art. 184 do Código Penal.

Sumário

Apresentação, 7
Organização didático-pedagógica, 11

Capítulo 1   Conhecimento psicanalítico e educação, 16
        1.1 Visca e a psicanálise, 17
        1.2 O mal-estar na escola, 19
        1.3 Uma questão da aprendizagem: transferência na relação professor-aluno, 24
        1.4 Freud e a educação, 33
        1.5 A terapia como auxílio à aprendizagem, 35

Capítulo 2   Psicanálise freudiana, 50
        2.1 Definições iniciais, 51
        2.2 A história de Freud, 56
        2.3 Os principais conceitos psicanalíticos, 63
        2.4 Terapia psicanalítica: o papel do psicanalista, 79
        2.5 Influências da psicanálise, 80

Capítulo 3   Crianças e adolescentes: Pichon-Rivière e Winnicott, 90
        3.1 Crianças e adolescentes no momento atual, 91
        3.2 A adolescência para a psicanálise, 98
        3.3 Pichon-Rivière, 104
        3.4 Winnicott: infância e adolescência, 111

Capítulo 4   Os mecanismos de defesa, 130
              4.1 Principais mecanismos de defesa, 131
              4.2 Mecanismos de defesa do ego: psicanálise clássica e psicopatologia, 147

Capítulo 5   Desenvolvimento humano de acordo com a psicanálise, 166
              5.1 Psicanálise e desenvolvimento humano, 167
              5.2 Estágio oral, 172
              5.3 Estágio anal, 180
              5.4 Estágio fálico, 186
              5.5 Latência, adolescência e vida adulta, 190

Capítulo 6   Lacan e a educação, 200
              6.1 Psicanálise lacaniana, 201
              6.2 A história de Lacan, 204
              6.3 Principais conceitos lacanianos, 210
              6.4 A psicanálise lacaniana: clínica, 227
              6.5 Lacan: contribuições à educação, 229

Considerações finais, 239
Glossário, 241
Referências, 247
Bibliografia comentada, 259
Respostas, 263
Sobre o autor, 265

Apresentação

Objetivamos abordar nesta obra alguns temas caros à psicanálise aplicada à psicopedagogia. Inicialmente, privilegiaremos as contribuições do conhecimento psicanalítico para a teoria e prática psicopedagógica, desde o constructo teórico de Sigmund Freud até a ênfase nos vínculos inerentes às relações familiares e escolares de Enrique Pichon-Rivière. Posteriormente, o foco da obra serão as influências culturais, sociais, institucionais e familiares na estruturação do psiquismo da criança e do adolescente. Na sequência, concentraremos nossa análise no inconsciente como linguagem em sua relação com os afetos e fazeres da vida consciente, bem como nos mecanismos de defesa próprios das relações intra e interpessoais. Em seguida, apresentaremos um panorama da prática clínica com crianças e adolescentes de Donald Winnicott e, na continuidade, examinaremos as perspectivas cultural, social e linguística de Jean Jacques Lacan.

No Capítulo 1, discutiremos a tentativa de junção de duas esferas – a psicanálise e a educação. Essas áreas parecem ter uma proximidade desde o início das descobertas psicanalíticas, embora as ideias de Freud sobre educação se encontrem em textos que tratam de outras questões. Um dos autores enfocados no capítulo é Jorge Visca, criador de uma linha teórica chamada *epistemologia convergente*, cuja proposta é um trabalho clínico que se vale de três linhas: psicogenética (Piaget), psicanálise (Freud) e psicologia social (Pichon-Rivière). Nesse trabalho clínico, Visca apresenta uma dimensão clássica na qual propõe diagnóstico, tratamento corretor e prevenção de questões de ordem emocional e cognitiva que estão ligadas ao trabalho da psicopedagogia. Outro aspecto examinado no capítulo é o mal-estar no ambiente escolar.

No Capítulo 2, trataremos da história de Freud e dos principais conceitos da psicanálise ligados à figura do médico austríaco. Na qualidade de grande construção teórica e prática clínica, a psicanálise teve – e tem – muitos seguidores. Ela se iniciou com Freud em suas sessões de escuta com pacientes histéricas, que preferiam falar a passar pelo processo de hipnose, bem como na auto-observação do neurologista registradas em seu texto *A interpretação dos sonhos*, de 1900, no qual o estudioso apresentou os pilares da nova ciência. Um desses pilares é o inconsciente, o qual implica que nada acontece por acaso; para tudo há um determinante geralmente inconsciente. Mais adiante, Freud passou a analisar o ser humano considerando três perspectivas – o ego, o id e o superego (abordagem que veio a ser chamada *segunda tópica*). Nesse caso, o id e o superego são basicamente inconscientes, enquanto o ego é em grande parte consciente. Outro conceito investigado por Freud é o das pulsões que nos formam – pulsões sexuais e agressivas que geralmente sublimamos (em outras palavras, pulsões cujas energias encaminhamos de diversas formas) para atividades úteis à sociedade, como estudar, trabalhar e praticar esportes. Com base nos conhecimentos analisados neste ponto do texto, poderemos demonstrar no decorrer da obra a imensa influência que a psicanálise teve em quase todos os pensadores da psicologia.

No Capítulo 3, enfocaremos a infância e a adolescência nos tempos atuais, sob a influência do pós-modernismo e sua visão líquida, em que se observa a prevalência do consumismo. Dois autores importantes serão destacados nesse ponto do texto: Pichon-Rivière e Winnicott. Uma questão importante para o primeiro é o grupo operativo e seu funcionamento. Para o segundo, um conceito central é o dos objetos e fenômenos transicionais, em que o foco passa do objeto em si para a utilização deste, bem como para os modos de ser e de se relacionar.

No Capítulo 4, discutiremos a importância dos mecanismos de defesa: ações psicológicas que buscam reduzir as manifestações iminentemente perigosas ao ego. No decorrer do capítulo, buscaremos demonstrar que, por mais que sejam normais e de uso universal, isto é, ainda que todos nós os utilizemos, os mecanismos de defesa, quando levados ao extremo, culminam em comportamento repetitivo compulsivo e neurótico Nesse ponto da obra, também examinaremos questões básicas de psicopatologia, correlacionando-as aos mecanismos de defesa do ego.

Um aspecto importante para o aprendizado da psicanálise e a vivência do trabalho com crianças é o desenvolvimento humano, tema que abordaremos no Capítulo 5. O desenvolvimento humano, quando analisado sob a perspectiva da teoria psicanalítica, remete à reflexão sobre os primeiros anos de vida, pois os anos iniciais são de extrema importância na leitura que a psicanálise faz do indivíduo. A personalidade como um todo se forma no começo da vida, e a maneira como vivenciamos as etapas oral, anal e fálica tem influência profunda na adolescência, na maturidade e na velhice.

No Capítulo 6, apresentaremos o pensamento de Lacan. A influência que a releitura do estudioso francês fez da psicanálise freudiana foi além da própria psicanálise, fazendo dele uma figura dominante no cenário intelectual francês nas décadas de 1950 a 1970. Freud propôs sua leitura de sujeito humano a partir de um modelo inicialmente calcado na biologia, passando posteriormente para uma leitura psicológica. Lacan releu os textos freudianos usando alguns instrumentos não utilizados por Freud, como a filosofia, a matemática e a jovem ciência que surgiu depois de os primeiros grandes pressupostos da psicanálise terem sido elaborados – a linguística. Talvez uma síntese do pensamento de Lacan esteja na seguinte frase: "O inconsciente é estruturado como uma linguagem".

Desejamos a você uma leitura agradável e de muito aprendizado.

Organização didático-pedagógica

Esta seção tem a finalidade de apresentar os recursos de aprendizagem utilizados no decorrer da obra, de modo a evidenciar os aspectos didático-pedagógicos que nortearam o planejamento do material e como o leitor pode tirar o melhor proveito dos conteúdos para seu aprendizado.

Introdução do capítulo

Logo na abertura do capítulo, você é informado a respeito dos conteúdos que nele serão abordados, bem como dos objetivos que o autor pretende alcançar.

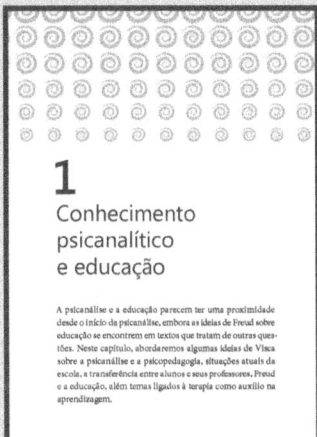

Importante!

Algumas das informações mais importantes da obra aparecem nestes boxes. Aproveite para fazer sua própria reflexão sobre os conteúdos apresentados.

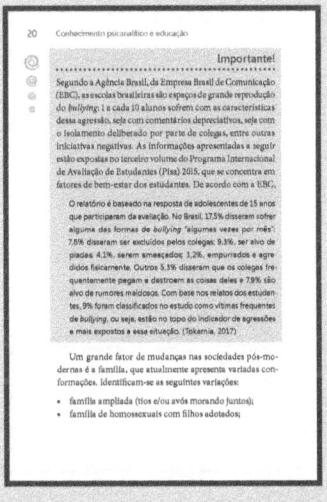

Preste atenção!

Nestes boxes, você confere informações complementares a respeito do assunto que está sendo tratado.

Pense a respeito

Aqui você encontra reflexões que fazem um convite à leitura, acompanhadas de uma análise sobre o assunto.

Síntese

Você conta, nesta seção, com um recurso que o instigará a fazer uma reflexão sobre os conteúdos estudados, de modo a contribuir para que as conclusões a que você chegou sejam reafirmadas ou redefinidas.

Indicações culturais

Nesta seção, o autor oferece algumas indicações de livros, filmes ou *sites* que podem ajudá-lo a refletir sobre os conteúdos estudados e permitir o aprofundamento em seu processo de aprendizagem.

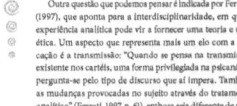

Atividades de autoavaliação

Com estas questões objetivas, você tem a oportunidade de verificar o grau de assimilação dos conceitos examinados, motivando-se a progredir em seus estudos e a se preparar para outras atividades avaliativas.

Atividades de aprendizagem

Aqui você dispõe de questões cujo objetivo é levá-lo a analisar criticamente determinado assunto e aproximar conhecimentos teóricos e práticos.

Bibliografia comentada

Nesta seção, você encontra comentários acerca de algumas obras de referência para o estudo dos temas examinados.

Bibliografia comentada

ASSOUN, P. L. O olhar e a voz. Rio de Janeiro: Companhia de Freud, 1999.
Assoun mostra nessa obra como a psicanálise trabalha com a ordem do visível e a ordem da palavra e da audição. O livro enfoca a metapsicologia freudiana e a concepção lacaniana do objeto "a".

CLÉMENT, C. Vidas e lendas de Jacques Lacan. São Paulo: Moraes, 1983.
A autora apresenta, por uma perspectiva própria, sua percepção das sociedades psicanalíticas lacanianas e da figura de Lacan. É uma leitura leve, pelo ousar a história da própria autora dentro dos círculos psicanalíticos lacanianos.

FENICHEL, O. Teoria psicanalítica das neuroses. Rio de Janeiro: Athenea, 2004.
O clássico livro de Fenichel concentra-se no estudo das neuroses (também das perversões e da esquizofrenia) conforme a visão psicanalítica. O autor foi um grande professor convidado em várias universidades americanas e da Europa e também ministrou palestras em muitas outras difundindo as ideias psicanalíticas. Para quem deseja se aprofundar nos temas de psicopatologia psicanalítica é um texto importantíssimo.

FILLOUX, J. C. Psicanálise e educação. São Paulo: Expressão e Arte, 2002.
Filloux é um autor francês de grande produtividade com a educação. Nesse livro, o autor faz uma síntese de publicações a respeito da

1
Conhecimento psicanalítico e educação

A psicanálise e a educação parecem ter uma proximidade desde o início da psicanálise, embora as ideias de Freud sobre educação se encontrem em textos que tratam de outras questões. Neste capítulo, abordaremos algumas ideias de Visca sobre a psicanálise e a psicopedagogia, situações atuais da escola, a transferência entre alunos e seus professores, Freud e a educação, além temas ligados à terapia como auxílio na aprendizagem.

1.1
Visca e a psicanálise

A psicopedagogia e seus primeiros centros surgiram na Europa em 1946, concebida por Juliette Boutonier e Georges Mauco com base na medicina e na pedagogia. Com uma reunião de saberes dessas áreas, somadas às da psicologia e da psicanálise, a psicopedagogia procura, segundo Bossa (2011, p. 60), "readaptar crianças com comportamentos socialmente inadequados na escola ou no lar, e atender crianças com dificuldades de aprendizagem apesar de serem inteligentes".

As ideias dos primeiros psicopedagogos europeus influenciaram a Argentina. De acordo com Bossa (2011, p. 25), "Buenos Aires foi a primeira cidade a oferecer o curso de psicopedagogia. A Psicopedagogia chegou ao Brasil, na década de 70, com a colaboração de Jorge Visca. Nessa década já havia algum movimento científico/acadêmico em Porto Alegre". Os primeiros cursos da área recebiam designações como *Reeducação Psicopedagógica* e *Psicopedagogia Terapêutica*. Porto Alegre, Rio de Janeiro e São Paulo foram as primeiras cidades a contemplarem cursos desse campo do conhecimento.

Jorge Visca concebeu a epistemologia convergente, cuja proposta reúne três abordagens – a psicogenética (Jean Piaget), a psicanálise (Sigmund Freud) e a psicologia social (Enrique Pichon-Rivière) – em um trabalho clínico que abrange diagnóstico, tratamento corretor e prevenção. O diagnóstico considera o lado afetivo e cognitivo do sujeito, de modo a indicar os obstáculos que estão interferindo na aprendizagem. O início consiste em uma entrevista com os pais e conclui-se com a devolutiva do especialista em relação a todo o trabalho realizado. Dessa entrevista inicial com os pais constam a anamnese (um roteiro prévio com questões para levantamento da história do sujeito) e uma entrevista com o próprio paciente. Resumindo, configura-se o seguinte processo: entrevista com a família, anamnese, sessões lúdicas centradas na aprendizagem (para crianças), utilização de provas e testes – quando for necessário para compreender melhor as defasagens –, síntese do diagnóstico (e prognóstico) e devolutiva (encaminhamento).

Conforme Bossa (2011), Jorge Visca nasceu em 1935, em Baradero, Buenos Aires. Após sua formação em Ciências Educacionais, seu foco de trabalho direcionou-se para segmentos marginalizados da sociedade, principalmente em relação às dificuldades de aprendizagem que pessoas desses grupos tinham. Graças a José Bleger, psiquiatra e psicanalista, expoente da segunda geração de psicanalistas da Argentina, Visca passou a estudar psicanálise. Pichon-Rivière foi uma grande referência para sua trajetória, bem como seu enfoque na psicologia social e seu trabalho com grupos operativos.

Ambrosio e Vaisberg (2009, p. 50) explicam que, de acordo com Bleger, influenciador de Visca, "o objeto de estudo da psicanálise é a conduta humana". Dessa forma, a visão defendida nesse caso focaliza-se nos aspectos mais comoventes e terríveis da vida do ser humano. Convém destacarmos que Bleger promoveu uma grande propagação dos pensamentos freudianos na América Latina, "propondo que as ciências humanas estudam um único fenômeno, a conduta, mantendo-se, assim, contato com uma psicanálise verdadeiramente concreta, voltada ao acontecer humano", pois a análise da conduta pressupõe um aprofundamento nos fatos.

Portanto, Visca foi o grande fundador da psicopedagogia na América do Sul e seus embasamentos principais – Piaget, Pichon-Rivière e Freud – ainda hoje determinam muito do pensar sobre a educação e uma prática terapêutica voltada às questões ligadas à instituição escolar e ao melhor funcionamento da aprendizagem com os alunos nela inseridos.

1.2
O mal-estar na escola

Existem várias situações que causam o mal-estar no ambiente escolar. Como estamos num processo de mudança quase que constante (embora tenhamos medo dessas mudanças, segundo Pichon-Rivière), também o mal-estar se transforma à medida que o tempo avança. No contexto brasileiro atual, parece que existe um mal-estar muito grande ligado à violência com e entre jovens. De acordo com uma pesquisa da Organização Mundial da Saúde (OMS) realizada em 2016 (DGS, 2016) e publicada em 2017 pelo Ministério da Saúde do Brasil, a violência interpessoal é uma das maiores causas de morte entre jovens de 10 a 15 anos: nas primeiras colocações entre os tipos de agressões verificados constam os embates de grupos criminosos e o homicídio cometido contra mulheres; em seguida, foram registrados vários casos de agressões, violência nas escolas, agressões entre companheiros afetivos e violência de ordem emocional. Não há dúvidas de que todas essas manifestações interferem no processo de aprendizagem no âmbito escolar.

> **Importante!**
>
> Segundo a Agência Brasil, da Empresa Brasil de Comunicação (EBC), as escolas brasileiras são espaços de grande reprodução do *bullying*: 1 a cada 10 alunos sofrem com as características dessa agressão, seja com comentários depreciativos, seja com o isolamento deliberado por parte de colegas, entre outras iniciativas negativas. As informações apresentadas a seguir estão expostas no terceiro volume do Programa Internacional de Avaliação de Estudantes (Pisa) 2015, que se concentra em fatores de bem-estar dos estudantes. De acordo com a EBC,
>
>> O relatório é baseado na resposta de adolescentes de 15 anos que participaram da avaliação. No Brasil, 17,5% disseram sofrer alguma das formas de *bullying* "algumas vezes por mês"; 7,8% disseram ser excluídos pelos colegas; 9,3%, ser alvo de piadas; 4,1%, serem ameaçados; 3,2%, empurrados e agredidos fisicamente. Outros 5,3% disseram que os colegas frequentemente pegam e destroem as coisas deles e 7,9% são alvo de rumores maldosos. Com base nos relatos dos estudantes, 9% foram classificados no estudo como vítimas frequentes de *bullying*, ou seja, estão no topo do indicador de agressões e mais expostos a essa situação. (Tokarnia, 2017)

Um grande fator de mudanças nas sociedades pós-modernas é a família, que atualmente apresenta variadas conformações. Identificam-se as seguintes variações:

- família ampliada (tios e/ou avós morando juntos);
- família de homossexuais com filhos adotados;

- famílias comandadas apenas por mulheres ou só por homens;
- famílias em que convivem meios-irmãos (filhos só do pai ou só da mãe);
- famílias de padrastos de pais vivos (o segundo marido ou a segunda mulher vivendo com os filhos da relação anterior do cônjuge).

Essa diversificação do núcleo familiar, conforme Quadros (2009), num momento em que a mulher deixou o lar e foi para o mercado de trabalho, levou os professores a uma maior participação na educação não escolar de seus alunos, numa dinâmica em que o professor passa a substituir os pais em tarefas que eram única e exclusivamente desses responsáveis (por exemplo: ensinar valores e regras de boa educação; boas maneiras) e que, assim se pressupunha tempos atrás, deveriam "vir de casa". Essa "terceirização" do processo de educar leva os professores da atualidade a se queixarem de sobrecarga de trabalho. Muitas vezes, queixam-se, ressentidos, de se sentirem lesados em sua ação educativa, pois se veem obrigados a ocupar o lugar de pai e/ou mãe de seus alunos, com a incubência de lhes ensinar conceitos básicos de relacionamento, desfocando-se dos conteúdos que os programas de ensino exigem.

Muitas vezes, parece que a articulação entre psicanálise e escola não é possível, pois a educação trabalha com aspectos conscientes, enquanto a psicanálise explora fenômenos inconscientes. Freud esclarece que, ao passo que "a educação implica numa finalidade de adaptação a uma ordem social, a psicanálise não visa nem à adaptação, nem à formação de rebeldes" (Freud, citado por Outeiral; Cerezer, 2005, p. 57). Configura-se, então, um conflito de posturas em relação a objetivos diferentes. O objetivo da educação é conduzir a criança num processo de domínio de seus instintos, pelo uso constante de inibição, proibição ou repressão, tendo em vista a construção de um vínculo com o saber.

Filloux (2002) faz uma extensa análise de artigos que versam sobre psicanálise e educação. Entendendo a dinâmica dos estudos escolares como um campo de forças, o estudioso chama esse campo de *espaço-classe*, isto é, a posição do mestre em relação a seus alunos. Ao analisar o pensamento de Siegfried Bernfeld, o autor afirma que se deve considerar a posição psicológica do mestre em relação à criança, à infância desta e à sua própria infância, com as ambiguidades e ambivalências possíveis. Assim, situa-se o mestre em relação às três crianças que ele encontra: a **criança real**, a **criança má** e a **criança ideal** que concebeu em seu trabalho (com a tarefa de conciliar a criança ideal que elaborou para os outros e a criança que traz recalcada dentro de si mesmo), sendo esse um grande campo de estudos – a criança e o mestre.

Outra análise feita por Filloux (2002) é sobre o pensamento de Peter Furstenau, que, examinando o papel dos rituais na prática pedagógica (por exemplo, o modo de organizar a fila, de dizer textos, de fazer a chamada), afirma que não é a classe de alunos, mas a escola em si que está em jogo. O estudioso explica que **esses rituais** servem para **repelir o extravasamento pulsional dos alunos** – pulsões agressivas – e **reprimir também as pulsões do professor** ligadas ao risco do ofício. Acontece uma reativação inconsciente do professor no conflito que ele vivenciou com os próprios pais: fantasias, desejos infantis de poder, desejos específicos próprios à criança e dificuldades da criança de ultrapassar esse estágio. O ritual serve então para os professores se protegerem contra determinadas impulsos.

Podemos pensar que o sistema de ensino sobrevive graças ao recalque das pulsões sexuais e agressivas dos alunos, transformando-as em rituais, com o intuito de proteger o professor de si mesmo e ensinar os alunos que, por recalcamento e identificação, se submeterão a esses procedimentos. Os rituais estão muitos presentes na neurose obsessiva (TOC) e são cerimoniais, condutas estritamente regradas que o sujeito se obriga a cumprir diariamente, antes e depois de, por exemplo, dormir, comer ou ir ao banheiro ou em qualquer momento de sua vida, por exemplo, aos domingos, ao entardecer, ao ir para o trabalho. Há vários tipos de rituais: os rituais de limpeza (tomar banho seguindo determinadas regras); o cerimonial ao se deitar (acomodar certos objetos segundo uma determinada ordem); as orações (rezas) sempre repetidas um certo número de vezes etc.

Diniz (citado por Outeiral; Cerezer, 2005, p. 60) esclarece: "O cotidiano escolar pode ser de uma insatisfação generalizada por parte dos professores, muitas vezes manifestando-se como negação das discussões inerentes ao espaço pedagógico propriamente dito". Por não ser simbolizado (colocado em palavras) no cotidiano escolar, o mal-estar muitas vezes deriva em alguma forma de adoecimento. Percebe-se então que é imprescindível que o educador seja escutado no que traz de sofrimento e angústia.

Não só o professor deve ser alvo de uma escuta. O estudante também deve contar com algumas posturas do educador que auxiliam, e muito, o funcionamento do processo educativo. Outeiral e Cerezer (2005) destacam alguns pontos, que podemos sintetizar aqui da seguinte forma: prestar atenção às expressões da criança e ao seu discurso; utilizar a brincadeira no ato educacional; envolver os pais na dinâmica da escola; conceber um ambiente escolar que não rejeite o sonho e o desejo por um mundo melhor.

1.3
Uma questão da aprendizagem: transferência na relação professor-aluno[1]

A afetividade é um dos fenômenos responsáveis pela transferência. Resumidamente, podemos defini-la como a ressignificação de certos eventos emocionais experienciados pela criança no início de sua vida, mais precisamente no decorrer de sua passagem pelo Édipo. Portanto, trata-se de uma ressignificação da figura da mãe e, mais tarde, do pai, que seguirá o indivíduo nos relacionamentos que ele tiver.

---

1 Seção elaborada com base em Quadros (2009).

De acordo com Quadros (2010, p. 8),

> Levando-se em consideração que a Psicanálise é uma grande construção teórica dentro do campo das ciências, sendo também um método clínico, observa-se que suas ideias estão implicadas em muitas áreas do conhecimento, inclusive a educação. Ao situar-se a clínica psicanalítica, a transferência é sempre vista como ponto central da direção da cura. E acontece também na maioria dos relacionamentos, embora não seja tratada e trabalhada como na sessão analítica. Podemos pensar que a transferência seja um componente da relação professor-aluno, que pode facilitar o processo de ensino e de aprendizagem.

Podemos afirmar, portanto, que a transferência, segundo Quadros (2010), conforme descrita anteriormente, influencia a aprendizagem de forma tanto positiva quanto negativa. Freud considerava que a psicanálise, que tem por base uma abordagem que estuda o funcionamento psíquico como um todo, poderia apresentar propostas de reformulações de metodologias educacionais.

Camargo (2006, p 38) explica que

> a transferência, para os psicanalistas, está posta entre todos os que falam (sejam por palavras, gestos, olhares, linguagem de sinais etc.); não existe maneira de negá-la no campo relacional da educação, uma vez que aprender e ensinar estão diretamente associados aos processos identitários e por isso transferenciais.

Esse processo pode eventualmente aumentar a angústia dos educadores, pois o professor é depositário das representações inconscientes, de desejos produzidos e recalcados desde as primeiras relações com os progenitores. Camargo (2006) acrescenta que a interação do aluno com o professor pressupõe uma relação com o inconsciente, isto é, o discurso do professor passa por um filtro do inconsciente do aluno.

Millot (1995, citado por Camargo, 2006, p. 39) afirma que "teoria pedagógica alguma permite calcular os efeitos dos métodos com que se opera, pois justamente o que se interpõe entre a medida pedagógica e os resultados obtidos é o Inconsciente do professor e do educando".

O conceito de transferência foi elaborado por Freud em suas análises psicanalíticas, evento que ocorre entre indivíduos que se relacionam. O fenômeno se apresentou nos tratamentos promovidos pelo psicanalista austríaco: na dinâmica entre analista e paciente, criam-se vínculos afetivos que vão além da lógica. Shirahige e Higa (2004, p. 36) explicam que "a transferência encontra-se também presente na relação professor-aluno e permite que reflitamos sobre o que possibilita ao aluno acreditar no professor e chegar a aprender, sendo, portanto, um poderoso instrumento no processo de aprendizagem". Segundo as autoras, a transferência é uma contribuição essencial da psicanálise à educação.

Freud, em 1912, em seu artigo "A dinâmica da transferência" (1980a), esclarece que uma combinação entre elementos inatos e estímulos realizados no início da vida faz com que o indivíduo possa conduzir sua vida erótica de forma particular; em outras palavras, estabelece em seu inconsciente critérios para enamorar-se e satisfazer seus anseios e os objetivos que determina a si mesmo no decurso de sua vida erótica.

Isso produz, conforme Freud (1980a, p. 133),

> o que se poderia descrever como um clichê estereotípico (ou vários deles), constantemente repetido; sempre reimpresso, no decorrer da vida da pessoa, na medida em que as circunstâncias externas e a natureza dos objetos amorosos a ela acessíveis permitam, e que dificilmente muda frente a experiências recentes.

Freud (1980a) assinala que apenas uma parcela dos estímulos da vida erótica foi processada pela consolidação da psique. Enquanto essa parte participará das interações do indivíduo na realidade que o envolve, a outra permanecerá oculta, participando dos eventos de transferências em sua vida quando adulto.

Em um texto sobre o movimento psicanalítico, de 1914, ao relatar sobre seu trabalho com Josef Breuer publicado em 1896 (*Estudos sobre a histeria*) e o tratamento de uma de suas primeiras pacientes histéricas, Freud descreve o seguinte: "no tratamento desse caso, Breuer usou, para com a paciente, de um *rapport* sugestivo muito intenso que nos poderá servir como um perfeito protótipo do que chamamos hoje de 'transferência'" (Freud, 1980d, p. 21). Freud analisou a motivação sexual dessa transferência; não é certo, mas os desejos sexuais envolvidos nessa transferência da paciente provavelmente foram o motivo para Breuer interromper o tratamento. Freud prossegue: o aspecto explicitamente sexual da transferência, numa experiência positiva ou negativa, apesar de surgir espontaneamente entre paciente e analista, mostra que a origem das forças impulsionadoras das neuroses está na vida sexual.

Em "Os instintos e suas vicissitudes", de 1915, Freud (1980g) afirma que o principal mecanismo de defesa que possibilita a direcionamento das pulsões sexuais é a sublimação.

Quadros (2010) explica que as pulsões sexuais abrangem demandas mais complexas que a sexualidade focada na genitália e que elas se relacionam com a agressividade inerente ao sujeito. A sublimação direciona as energias associadas a esses impulsos para iniciativas socialmente produtivas e positivamente afetivas. Aliás, Freud define como pessoa mentalmente saudável aquela que é capaz de amar e produzir. Com relação à capacidade de amar, Freud a define como a ressignificação de eventos emocionais ocorridos no início da vida do indivíduo, o que poderia ser caracterizado como transferência de natureza afetiva. Não podemos esquecer que o afeto se refere tanto ao amor quanto ao ódio, que é suprimido por aquele que ama. Por fim, podemos afirmar que **a transferência permeia a vida emocional dos indivíduos**.

Ao fazer a correlação entre psicanálise e educação, Petri (2003) afirma que **o inconsciente é rejeitado pela pedagogia, pois esta se pauta em uma recusa do saber derivado dessa instância**. A leitura que podemos fazer é ver a educação a partir da psicanálise, considerando o sujeito com todas as suas vicissitudes, como sujeito de desejo.

Alguns estudos mais recentes situam a relação professor-aluno no âmbito da abordagem da transferência, como faz Kupfer (2004, p. 88), segundo a qual inicialmente "se deve pensar na transferência do professor em relação ao aluno: quem fala faz a transferência e põe o outro num certo lugar. Assim como o analista arruma o rumo/sentido da fala, ao professor cabe dar o rumo da aula". Já com relação à transferência do aluno em relação ao professor, Kupfer (2004, p. 88) esclarece: "Assim, um professor pode tornar-se a figura a quem serão endereçados os interesses de seus alunos porque é objeto de uma transferência".

Algumas situações de sala de aula em que aparecem questões transferenciais são apontadas por Di Santo (2004). Entre elas, podemos citar a criança que passa a ver sua professora como mãe; a jovem que nutre sentimentos por um professor, vendo nele a materialização das próprias paixões; o aluno que entra em conflito com um professor por enxergar nele a figura do pai, com quem tem problemas relacionados à repressão.

Na educação, circula ao mesmo tempo algo da ordem do conhecimento e algo da ordem do saber, de acordo com Monteiro (2000).

A transmissão do saber vai muito além dos procedimentos do professor em sala de aula, o que faz com que os modelos pedagógicos desprovidos de um planejamento que contemple essa especificidade da realidade transferencial malogrem na ação educativa. Esse elemento a mais que está inserido na interação entre professor e aluno pode ser chamado de *desígnio do inconsciente*.

Com relação ao que foi dito anteriormente, podemos destacar a sedução como uma relação de poder em que o professor "seduz" os alunos em razão de sua predileção pelo tema tratado. A aceitação do professor por parte dos alunos e uma exposição "apaixonada" por parte do educador sem dúvida contribuem para a aprendizagem. Em outras palavras, a transferência dos alunos para o professor e deste para o conteúdo faz com que o aprendizado se torne mais fácil.

Ao examinar o tema do desejo de saber do aluno, Filloux (2002, p. 100) exprime: "Com relação ao desejo de saber do aluno, ele pensa que o mestre se interessa pelo seu desejo de saber, mas o mestre tem vontade que o aluno saiba, mas que não saiba exatamente aquilo que o aluno tem vontade de saber, como se aí houvesse então uma espécie de mal-entendido". O fato de o saber que o aluno quer adquirir não necessariamente coincidir com o que o professor deseja que o aluno saiba é um problema. Nesse caso, podemos afirmar que a escola possibilita ao professor ser o detentor do conhecimento.

Filloux (2002, p. 100) questiona então se "toda Pedagogia, na verdade, não está na ordem da astúcia, e é preciso que haja astúcia para substituir esse desejo do aluno pelo desejo de um outro saber, o saber do mestre".

Ainda Filloux (2002, p. 102), com relação à transferência, afirma que

> não é preciso ensinar aos professores como descobrir a transferência a partir de qualquer sentimento afetivo, apenas alertá-los para o fato de que podem existir transferências, e da posição de mestres procurarem descobrir, compreender como ele se posiciona face à demanda de haver projeções por parte do aluno sobre sua pessoa.

O oposto da transferência é a **contratransferência**. De acordo com Oliveira (2000), reduzir a contratransferência aos sentimentos do analista é um equívoco. Pode-se definir a "contratransferência como a relação inconsciente do analista de seus próprios movimentos transferenciais em relação ao paciente" (Oliveira, 2000, p. 43). Por isso, na dinâmica entre terapeuta e paciente, o primeiro tem de pensar sobre as próprias especificidades emocionais e sobre as repercussões que o segundo causa nele. Nesse sentido, podemos entender que o professor também tem uma relação emocional/afetiva com seus alunos.

Conforme Birman (Birman; Nicéas, 1982), a relação terapeuta-paciente é regida por dois extremos: transferência e interpretação. Parte-se do pressuposto de que o caráter de analista é apartado do caráter de analisado, com o primeiro analisando o que o segundo apresenta, em uma dinâmica conjunta de interpretação. Sabe-se, entretanto, seguindo o pensamento de Birman, que há uma transferência do terapeuta para seu paciente, o que recebe o nome de *contratransferência*; além disso, o aprendizado e a dinâmica técnica da interpretação, em todos os aspectos, inclusive em relação a variantes de estilo, não são razões que justifiquem essa distinção entre analista e analisado.

Justo (2004, p. 95), ao escrever sobre a psicanálise lacaniana e a educação, afirma: "enquanto lugar-função na estrutura dos relacionamentos, o professor terá que se constituir no lugar do ideal do ego do aluno; ele representará para o aluno suas aspirações mais elevadas, seus projetos, o ideal de si mesmo que persegue e procura alcançar". Tendo o professor a posição daquele que detém o conhecimento, um saber suposto pelo aluno, o aluno precisa se encontrar nessa dinâmica em que o educador domina. Justo (2004, p. 95) acrescenta: "É evidente que, por mais que o professor saiba e tenha conhecimento da matéria que ensina, a busca do aluno ou aquilo que ele atribui ao professor e tenta conquistar para si estará sempre muito além do que o professor detém". O que o aluno coloca no professor não é apenas o conhecimento intelectual, mas, sobretudo, afetos que ele tentará direcionar para si.

Justo (2004, p. 95) prossegue em sua análise da relação professor-aluno:

> é comum o professor, em suas aulas, tecer longos comentários sobre assuntos que nada têm a ver com o conteúdo da disciplina que está ensinando. Em geral fala de sua vida pessoal, em muitos casos se expondo demasiadamente, tecendo comentários sobre seus feitos enquanto profissional e às vezes até amorosos, às vezes queixando-se de doenças.

Além disso, o educador pode cometer o erro de tratar de outros assuntos de ordem pessoal, profissional ou institucional.

Essa situação leva a pensar se, quando tal fenômeno ocorre, o professor não está buscando um lugar de escuta. Conforme Justo (2004, p. 95), "no plano psicológico, isso possibilita a invasão da sala de aula pelos fantasmas do professor e do aluno advindos de seus relacionamentos afetivos estabelecidos com outras figuras e lugares, em momentos bem distantes".

Com relação à projeção do professor sobre o aluno, Justo (2004, p. 96) descreve que

> O professor tende a tomar o aluno como extensão de si mesmo. Ele se vê no aluno, projetivamente, seja como o jovem de outrora, seja como aquele que deverá absorver seus ensinamentos, suas qualidades e assim, como um duplo, continuar seu projeto narcisista. O aluno, por sua vez, deposita no professor seus ideais, vendo-o como modelo a ser seguido.

Dessa forma, segundo Justo (2004, p. 96),

> o professor, tal como a mãe, funciona para o aluno como um espelho através do qual esse aluno irá constituir sua imagem enquanto pessoa e, de forma particular, enquanto sujeito em busca de conhecimento, sendo que o olhar do professor é decisivo para as imagens que o aluno forma de si próprio.

1.4
Freud e a educação

Sándor Ferenczi, um dos discípulos favoritos de Freud, escreveu em 1909 um texto sobre pedagogia e psicanálise (que aparecem nas obras completas de Ferenczi com o título *Psychanalyse et pédagogie*) no qual, de acordo com Filloux (2002), criticava os pedagogos da época dizendo que a escola era um caldo de cultura para fabricar pessoas neuróticas. Em 1909, Freud entrou em contato com esse trabalho e, como se correspondia com Oskar Pfister (pastor protestante e professor), aprovou a ideia da aplicação da psicanálise à educação. Em 1913, o psicanalista prefaciou a obra de Pfister, *A psicanálise a serviço dos educadores*, e, nesse mesmo ano, publicou um texto em uma revista italiana sobre o interesse educacional da psicanálise. A seguir, reproduzimos um trecho desse texto:

> O interesse dominante que tem a psicanálise para a teoria da Educação baseia-se num fato que se tornou evidente: somente alguém que possa sondar as mentes das crianças será capaz

de educá-las. Nós, pessoas adultas, não podemos entender as crianças porque não entendemos mais a nossa própria infância. Quando os educadores se familiarizarem com as descobertas da psicanálise, será mais fácil se reconciliar com certas fases do desenvolvimento infantil e, entre outras coisas, não correrão o risco de superestimar a importância dos impulsos instintivos socialmente inúteis ou perversos que surgem nas crianças. Pelo contrário, não se abster de qualquer tentativa de suprimir esses impulsos pela força quando aprendemos que esforços desse tipo com frequência produzem resultados não menos indesejáveis que a alternativa tão temida pelos educadores de dar livre trânsito às travessuras das crianças. A supressão forçada de certos instintos por meios externos nunca produz na criança efeito de extinção ou controle desses instintos. Conduz à repressão que cria doenças nervosas no futuro. (Freud, citado por Filloux, 2002, p. 44)

Podemos afirmar, com base na citação apresentada, que Freud dava grande valor às atribuições do educador e ao papel preventivo que este poderia ter junto a seus alunos, apontando para a imposição de limites que, além dos pais, os professores têm de exercer. Freud retoma o tema várias vezes, mas talvez o texto mais conhecido a respeito é *Novas conferências introdutórias (1912-1976)* (Freud, 1980f), no qual o autor afirma que o "educador deve inibir, proibir e suprimir", fato verificável em todos os períodos da história. Entretanto, entende-se que, na análise, essa supressão de instintos envolve o risco de doenças neuróticas.

1.5
A terapia como auxílio à aprendizagem

Um fenômeno que ocorre muitas vezes em sala de aula, principalmente com crianças pequenas e de séries iniciais de escolarização, é o de professores "fazerem um diagnóstico" precoce do aluno, sem uma verificação mais criteriosa e detalhada, colocando rótulos depreciativos em crianças que são um pouco mais ativas ou mais passivas que a maioria ou que demoram um pouco mais para aprender a ler e escrever, pois estão dentro de um ritmo próprio e não do ritmo fixado pela escola.

Em muitas ocasiões, professores encaminham para avaliação crianças aparentemente detentoras de defasagens intelectuais, quando, na realidade, muitas vezes o descompasso é de natureza afetiva e tem origem frequentemente na própria escola. Por exemplo: José, de 9 anos, tem dificuldade com a escrita e foi encaminhado pela escola para avaliação com suspeita de baixo QI (isto é, a professora não o achava inteligente). Ao ser avaliado, verificou-se que as funções cognitivas da criança estavam adequados aos parâmetros de normalidade. Entretanto, constatou-se que o menino sofria com um ambiente violento em sua casa, que gerava em José uma baixa autoestima pela forma como seus pais o tratavam. Depois de ser submetido à terapia, processo no qual conseguiu simbolizar essas vivências (seus pais também passaram por terapia), o aluno apresentou um aumento de rendimento no aprendizado escolar, alfabetizando-se em seguida.

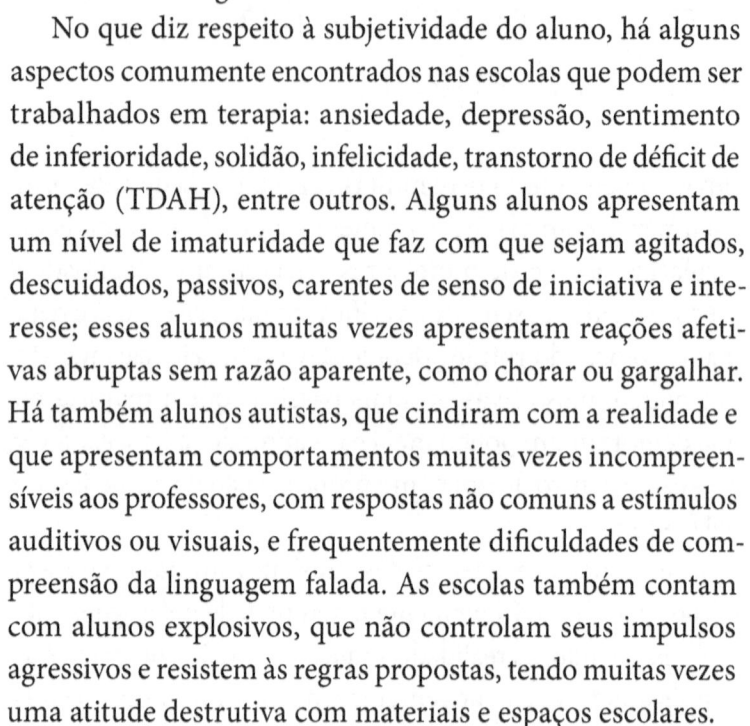

No que diz respeito à subjetividade do aluno, há alguns aspectos comumente encontrados nas escolas que podem ser trabalhados em terapia: ansiedade, depressão, sentimento de inferioridade, solidão, infelicidade, transtorno de déficit de atenção (TDAH), entre outros. Alguns alunos apresentam um nível de imaturidade que faz com que sejam agitados, descuidados, passivos, carentes de senso de iniciativa e interesse; esses alunos muitas vezes apresentam reações afetivas abruptas sem razão aparente, como chorar ou gargalhar. Há também alunos autistas, que cindiram com a realidade e que apresentam comportamentos muitas vezes incompreensíveis aos professores, com respostas não comuns a estímulos auditivos ou visuais, e frequentemente dificuldades de compreensão da linguagem falada. As escolas também contam com alunos explosivos, que não controlam seus impulsos agressivos e resistem às regras propostas, tendo muitas vezes uma atitude destrutiva com materiais e espaços escolares.

Alguns distúrbios são específicos do aprendizado escolar, como a agrafia, que é a impossibilidade de escrever e reproduzir os pensamentos por escrito, e outros problemas como a disgrafia, a discalculia, a dislexia e a disortografia. Vejamos as características desses distúrbios:

- Na disgrafia, aluno apresenta uma escrita manual muito fraca e dificuldade motora para escrever.
- Na discalculia, o estudante tem dificuldade para realizar operações matemáticas; usualmente, esse problema está ligado a uma disfunção neurológica, lesão cerebral, agnosia digital e deficiente estruturação espaçotemporal.

- Na dislexia, a criança apresenta dificuldade na leitura, na escrita e na soletração. Muitas vezes não entendendo o texto que lê, apresenta dificuldade em relação ao domínio da lateralidade; entretanto, com frequência tem memória excelente para rostos e lugares.
- Na disortografia, a criança tem dificuldade para criar frases, bem como para compreender a linguagem escrita e expressar-se por meio dela.

Existem muitas propostas terapêuticas que podem ser úteis para o trabalho com crianças e adolescentes. Há várias formas de terapia disponíveis na atualidade, além da psicanálise e da terapia comportamental: a arteterapia, a terapia com emprego de animais, a terapia ocupacional, a musicoterapia, todas envolvidas com o processo de aprendizagem. Em qual, o atendimento psicológico realizado em paralelo ao psicopedagógico funciona muito bem.

Um problema frequentemente verificado em várias consultas é o repertório verbal não tão desenvolvido da criança, o que demanda a proposição de novas formas de comunicação com o paciente.

O caso do pequeno Hans, sob os cuidados do próprio Freud, é o primeiro atendimento de abordagem eminentemente psicanalítica. O médico austríaco atendeu o pai de Hans e, no decorrer da dinâmica, sugeriu a ele como e o que conversar com seu filho, processo que bem mais adiante os psicanalistas infantis viriam a chamar de *maternagem* (uma espécie de "lanternagem" dos pais). Apesar de não atender diretamente Hans, Freud fez uma leitura de alguns de seus desenhos, o que já mostra uma maneira de se trabalhar com crianças – utilizando-se de sua produção de desenhos.

> Em minhas experiências de clínica psicológica com muitas crianças em atendimento ambulatorial, essa com certeza era minha técnica preferida. Com o tempo, fui desenvolvendo algumas nuances e leituras. Por exemplo: depois de a criança desenhar, eu também pegava um lápis e fazia pequenas intervenções no desenho, perguntando sempre se a criança aceitava as modificações propostas. A leitura que fazia era que aquela expressão – desenho, com o limite da folha de papel – mostrava o que aquela criança estava me trazendo para ser observado naquela sessão; quando eu interferia no próprio desenho, isso tinha muitas vezes o valor de uma interpretação (que é uma das funções do analista de adultos), provocando mudanças tal qual uma interpretação provoca. Logicamente, eu utilizava brinquedos também e trabalhava com os pais.

Seguindo Schmidt e Nunes (2014), Ana Freud publicou em 1927 o livro *O tratamento psicanalítico de crianças*, que apresenta questões sobre a possibilidades de análise de crianças. No entanto, foi Melanie Klein, em 1932, quem promoveu mudanças significativas na maneira de ver o atendimento infantil, pois a estudiosa realizou várias análises de crianças por meio do método lúdico, após muitas tentativas de compreendê-las pela via da associação livre de palavras. Nas palavras de Schmidt e Nunes (2014, p. 19),

> A avaliação da criança de acordo com a teoria kleiniana vai levar em consideração o sadismo constitucional, suas expressões clínicas, principalmente ansiedades, consequentes fantasias e defesas e o mecanismo de splitting, no qual os objetos internos são projetados sobre os brinquedos.

Outro grande teórico dessa área é Donald Winnicott, cujo trabalho tem ênfase no brincar como forma de desenvolver a criatividade e a descoberta do eu tanto do adulto quanto da criança. Através da brincadeira, a criança aprende a transformar e usar objetos, ao mesmo tempo que os investe de energia e dá cor conforme sua subjetividade e sua fantasia.

O que é importante assinalar aqui é que o trabalho clínico com crianças, e mesmo com adolescentes e adultos, possibilita que a energia que vinha sendo gasta no aparelho psíquico com o conflito que o sujeito estava enfrentando seja redirecionada. A partir do momento em que o embate é trabalhado em análise e resolvido, a energia é liberada para que o indivíduo possa lidar com seu dia de modo menos patológico, isto é, essa energia pode ser usada para o processo de aprender (e mesmo trabalhar), diminuindo muitas vezes a dificuldade que a criança ou o adolescente enfrenta.

Síntese

A psicanálise e a educação parecem ter uma proximidade desde o início das descobertas psicanalíticas, embora as ideias de Freud sobre educação sejam encontradas em textos que tratam de outras questões. Neste capítulo, discutimos as ideias de Jorge Visca, que criou uma linha teórica chamada *epistemologia convergente*, cuja proposta é um trabalho clínico que utiliza a confluência de três linhas: a psicogenética (Piaget), a psicanálise (Freud) e a psicologia social (Pichon-Rivière). O trabalho do psicanalista argentino apresenta uma dimensão clássica, que propõe diagnóstico, tratamento corretor e prevenção.

Outro aspecto enfocado no capítulo foi o mal-estar no ambiente escolar e suas múltiplas causas. O mundo pós-moderno passa por inúmeras mudanças, em um ritmo frenético (ainda que tenhamos medo dessas mudanças, segundo Pichon-Rivière); nesse contexto, o mal-estar também muda à medida que o tempo avança.

A articulação entre psicanálise e escola parece improvável, pois a educação trabalha com aspectos conscientes, ao passo que a psicanálise explora fenômenos inconscientes. Enquanto "a educação implica numa finalidade de adaptação a uma ordem social, a psicanálise não visa nem à adaptação, nem à formação de rebeldes" (Freud, citado por Outeiral; Cerezer, 2005, p. 57). Assim, o objetivo da educação é conduzir a criança ao domínio de seus instintos, por meio da inibição, da proibição, da repressão, porém fazendo com que o indivíduo crie um vínculo com o conhecimento.

A afetividade é um dos fenômenos responsáveis pela transferência. Resumidamente, podemos defini-la como a ressignificação de certos eventos emocionais experienciados pela criança no início de sua vida, mais precisamente no decorrer de sua passagem pelo Édipo. Portanto, trata-se de uma ressignificação da figura da mãe e, mais tarde, do pai, que seguirá o indivíduo nos relacionamentos que ele tiver. Millot (1995, citado por Camargo, 2006, p. 39) afirma que "teoria pedagógica alguma permite calcular os efeitos dos métodos com que se opera, pois justamente o que se interpõe entre a medida pedagógica e os resultados obtidos é o Inconsciente do professor e do educando". Com relação ao desejo de saber, Filloux (2002, p. 100) explica: o aluno "pensa que o mestre se interessa pelo seu desejo de saber, mas o mestre tem vontade que o aluno saiba, mas que não saiba exatamente aquilo que o aluno tem vontade de saber, como se aí houvesse então uma espécie de mal-entendido". Segundo Justo (2004, p. 96), o educador, "tal como a mãe, funciona para o aluno como um espelho através do qual esse aluno irá constituir sua imagem enquanto pessoa e, de forma particular, enquanto sujeito em busca de conhecimento, sendo que o olhar do professor é decisivo para as imagens que o aluno forma de si próprio".

Atividades de autoavaliação

1. Sobre o mal-estar na escola, podemos afirmar:
    I) No contexto brasileiro atual, parece existir um mal-estar muito grande ligado à violência com e entre jovens. De acordo com uma pesquisa da Organização Mundial da Saúde (OMS) realizada em 2016, a violência interpessoal é uma das maiores causas de morte entre jovens de 10 a 15 anos: nas primeiras colocações entre os tipos de agressões verificados constam os embates de grupos criminosos e o homicídio cometido contra mulheres; em seguida, foram registrados vários casos de agressões, violência nas escolas, agressões entre companheiros afetivos e violência de ordem emocional.
    II) A diversificação do núcleo familiar, conforme Quadros (2009), num momento em que a mulher deixou o lar e foi para o mercado de trabalho, levou os professores a uma maior participação na

educação não escolar de seus alunos, numa dinâmica em que o professor passa a substituir os pais em tarefas que eram única e exclusivamente desses responsáveis (por exemplo: ensinar valores e regras de boa educação; boas maneiras) e que, assim se pressupunha tempos atrás, deveriam "vir de casa". Essa "terceirização" do processo de educar leva os professores da atualidade a se queixarem de sobrecarga de trabalho.

III) A escola deveria igualar-se às grandes empresas e trabalhar com a produtividade de seus professores e alunos dando-lhes incentivos, inclusive econômicos.

IV) Filloux (2002) faz uma extensa análise de artigos que versam sobre psicanálise e educação. Entendendo a dinâmica dos estudos escolares como um campo de forças, o estudioso chama esse campo de *espaço-classe*, isto é, a posição do mestre em relação a seus alunos. Ao analisar o pensamento de Siegfried Bernfeld, o autor afirma que se deve considerar a posição psicológica do mestre em relação à criança, à infância desta e à sua própria infância, com as ambiguidades e ambivalências possíveis. Assim, situa-se o mestre em relação às três crianças que ele encontra: a criança real, a criança má e a criança ideal que concebeu em seu trabalho (com a tarefa de conciliar a criança ideal que elaborou para os outros e a criança que traz recalcada dentro de si mesmo), sendo esse um grande campo de estudos – a criança e o mestre.

v) A escola brasileira tem um desempenho exemplar quando é submetida a testes internacionais. Podemos afirmar que o mal-estar e outros problemas ligados à educação no Brasil são praticamente inexistentes.

Agora, assinale a alternativa que indica as afirmativas corretas:

a) Somente as afirmativas I, II e IV estão corretas.
b) Somente as afirmativas I e IV estão corretas.
c) Somente as afirmativas II e III estão corretas.
d) Somente as afirmativas II, III e IV estão corretas.
e) Somente as afirmativas V e III estão corretas.

2. Com relação às bases epistemológicas da psicopedagogia, uma explicação é apresentada por Jorge Visca, um dos primeiros psicopedagogos, que propôs uma epistemologia para a psicopedagogia, a qual ele denominou:
    a) epistemologia convergente.
    b) epistemologia do conflito.
    c) epistemologia convergente.
    d) epistemologia psicanalítica lacaniana.
    e) epistemologia piagetiana-psicanalítica

3. Relacione os conceitos listados às afirmações que se seguem:
    1) Pulsões
    2) Poder
    3) Simbolizar
    4) Transferência
    5) Pichon-Rivière

( ) Podemos pensar que o sistema de ensino sobrevive graças ao recalque das .... sexuais e agressivas, transformando-as em rituais.

( ) Por não se conseguir .... (colocar em palavras) o mal-estar no cotidiano escolar, pode-se muitas vezes transformar esse problema em adoecimento. O educador deve ser escutado.

( ) A afetividade faz parte da ...., que, resumidamente, é a ressignificação de eventos emocionais experimentados nos primeiros anos de vida da criança, durante sua passagem pelo Édipo.

( ) A sedução pode ser vista como uma relação de .... em que o professor "seduz" os alunos em razão de sua predileção pelo tema tratado. A aceitação do professor por parte dos alunos e uma exposição "apaixonada" por parte do educador sem dúvida contribuem para a aprendizagem.

( ) O mundo pós-moderno passa por inúmeras mudanças, em um ritmo frenético (embora tenhamos medo dessas mudanças, segundo ....); nesse contexto, o mal-estar também muda à medida que o tempo avança.

Agora, assinale alternativa que indica a sequência correta:

a) 1, 5, 3, 4, 2.
b) 2, 4, 3, 1, 5.
c) 3, 2, 4, 5, 1.
d) 4, 2, 5, 1, 3.
e) 1, 3, 4, 2, 5.

4. Analise as afirmações a seguir e assinale com V as verdadeiras e com F as falsas:
   ( ) Com relação ao desejo de saber, Filloux (2002, p. 100) explica: o aluno "pensa que o mestre se interessa pelo seu desejo de saber, mas o mestre tem vontade que o aluno saiba, mas que não saiba exatamente aquilo que o aluno tem vontade de saber como se aí houvesse então uma espécie de mal-entendido".
   ( ) De acordo com Justo (2004, p. 96), um "problema que pode acontecer na relação professor-aluno é o professor que tende a tomar o aluno como extensão de si mesmo. Ele se vê no aluno, projetivamente, seja como o jovem de outrora, seja como aquele que deverá absorver seus ensinamentos, suas qualidades e assim, como um duplo, continuar seu projeto narcisista. O aluno, por sua vez, deposita no professor seus ideais, vendo-o como modelo a ser seguido".
   ( ) O espelhamento é estruturante da relação professor-aluno. "Enquanto lugar-função na estrutura das relações, o professor terá que se constituir no lugar do ideal do ego do aluno, ele terá que representar para os alunos suas aspirações mais elevadas, seus projetos, o ideal de si mesmo que persegue e procura alcançar" (Justo, 2004, p. 95).
   ( ) Segundo Justo (2004, p. 96), o educador, "tal como a mãe, funciona para o aluno como um espelho através do qual esse aluno irá constituir sua imagem enquanto pessoa e, de forma particular, enquanto sujeito em busca de conhecimento, sendo que o olhar do professor é decisivo para as imagens que o aluno forma de si próprio".

( ) A transmissão do saber vai muito além dos procedimentos do professor em sala de aula, o que faz com que os modelos pedagógicos desprovidos de um planejamento que contemple essa especificidade da realidade transferencial malogrem na ação educativa.

Agora, assinale a alternativa que indica a sequência correta:

a) V, V, V, V, V.
b) V, F, F, V, V.
c) F, V, V, V, F.
d) V, V, F, V, V.
e) V, F, F, V, V.

5. Assinale a alternativa **incorreta**, ou seja, aquela que não condiz com o valor da psicopedagogia para a sociedade:
   a) Freud declarou que, quando os educadores se familiarizarem com as descobertas da psicanálise, será mais fácil se reconciliar com certas fases do desenvolvimento infantil e, entre outras coisas, não correrão o risco de superestimar a importância dos impulsos instintivos socialmente inúteis ou perversos que surgem nas crianças. Pelo contrário, não se abster de qualquer tentativa de suprimir esses impulsos pela força quando aprendemos que esforços desse tipo com frequência produzem resultados não menos indesejáveis que a alternativa tão temida pelos educadores de dar livre trânsito às travessuras das crianças.
   b) Alguns aspectos comportamentais comumente encontrados nas escolas passíveis de trabalho terapêutico são os seguintes: ansiedade, depressão,

sentimento de inferioridade, solidão ou infelicidade. Também podemos citar, além da hiperatividade ou TDAH, a imaturidade de alguns alunos que são, em geral, agitados, descuidados, passivos, carentes de senso de iniciativa e interesse e que podem ter reações afetivas abruptas sem razão aparente, como chorar ou gargalhar.
c) Alguns distúrbios são específicos do aprendizado escolar. Entre eles, podemos citar a agrafia, a disgrafia, a discalculia, a dislexia e a disortografia.
d) Melanie Klein, em 1932, não conseguiu promover mudanças significativas na maneira de ver o atendimento infantil, pois realizou várias análises de crianças através do método lúdico, após muitas tentativas de compreendê-las pela via da associação livre de palavras.
e) A psicopedagogia está calcada em um tripé: psicanálise, teoria e testes piagetianos, teoria social e trabalho com grupos de Pichon-Rivière.

Atividades de aprendizagem

Questões para reflexão

1. Justo (2004, p. 95) afirma que

> é comum o professor, em suas aulas, tecer longos comentários sobre assuntos que nada têm a ver com o conteúdo da disciplina que está ensinando. Em geral fala de sua vida pessoal, em muitos casos se expondo demasiadamente, tecendo comentários sobre seus feitos enquanto profissional e às vezes até amorosos, às vezes queixando-se

de doenças, sofrimentos e frustrações afetivas, ou então expondo opiniões sobre outros professores, sobre alunos, sobre a escola ou até sobre política, geralmente de forma absolutamente pessoal.

Qual é sua percepção sobre esse fato?

2. Filloux (2002, p. 100), ao tratar da questão do desejo de saber do aluno, exprime:

> Com relação ao desejo de saber do aluno, ele pensa que o mestre se interessa pelo seu desejo de saber, mas o mestre tem vontade que o aluno saiba, mas que não saiba exatamente aquilo que o aluno tem vontade de saber, como se aí houvesse então uma espécie de mal-entendido. O aluno tem vontade de saber coisas e o mestre deseja que o aluno queira saber, ou tenha desejo de saber tal coisa, mas não necessariamente as mesmas coisas, este é o problema. A instituição escolar é feita para garantir ao professor o papel de dono de saber.

O que você pensa a respeito desse tema?

Atividade aplicada: prática

1. Faça uma pequena entrevista com cinco professores sobre como eles veem a relação professor-aluno e qual papel essa relação tem no processo de ensino-aprendizagem. Sintetize as respostas em, no máximo, dez linhas.

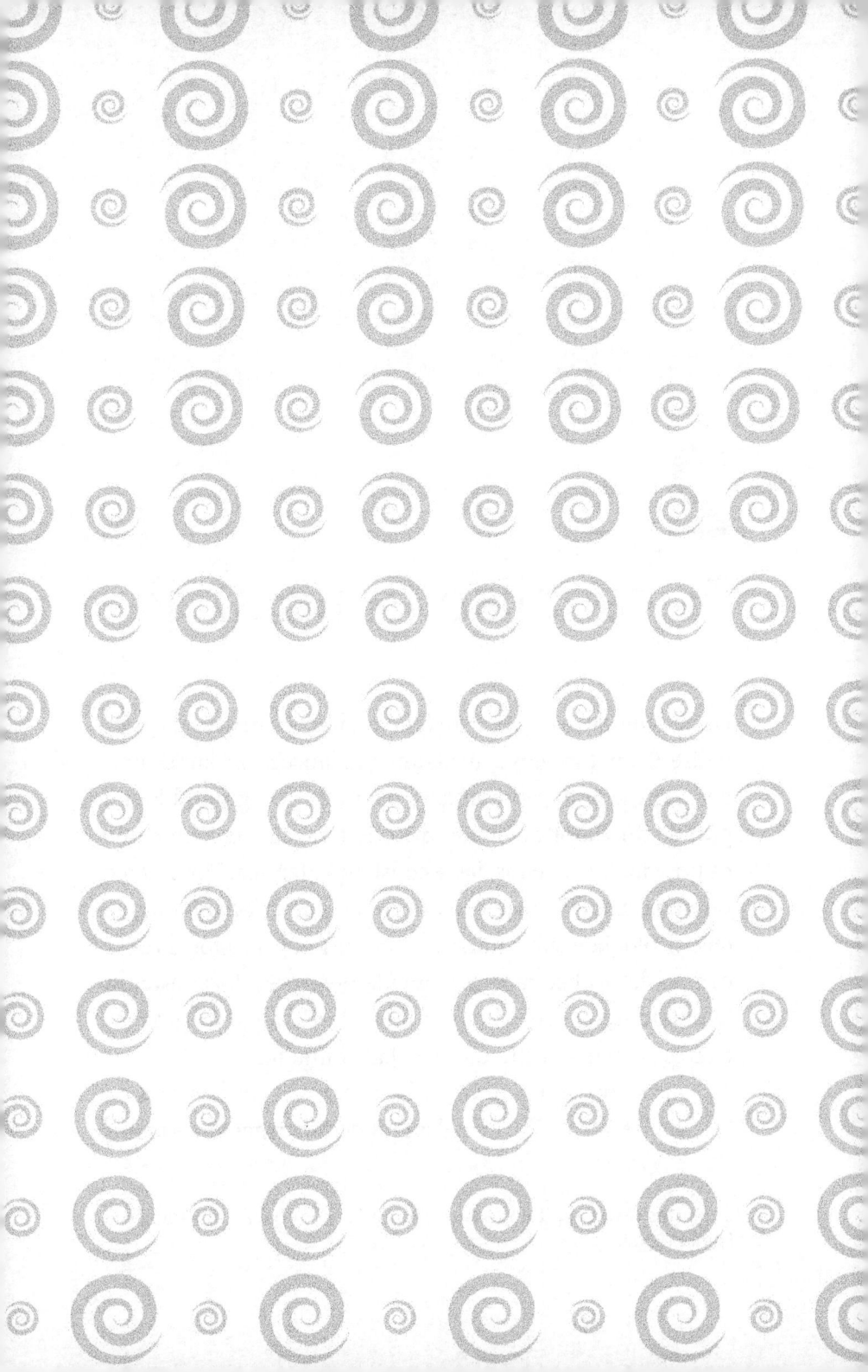

2
Psicanálise freudiana[1]

Neste capítulo, o objetivo é expor as ideias principais da psicanálise. Começaremos com algumas definições iniciais da área para, em seguida, apresentar a biografia de Sigmund Freud, grande fundador do citado método terapêutico, bem como os principais conceitos dessa construção teórica. Finalmente, veremos qual foi o papel do psicanalista austríaco no mundo da psicologia e sua influência em outros pensadores desse campo do conhecimento. Convidamos você a fazer este trajeto para descobrir os temas inovadores que a psicanálise trouxe ao pensamento da sociedade humana.

O psicopedagogo deve ter bem claras as proposições da psicanálise, pois essa é uma das grandes vertentes norteadoras

-----
1   Partes deste capítulo foram elaboradas com base em Fadiman e Frager (2002).

da psicopedagogia. Como afirma Assis (2012, p. 17), "Na educação em geral e, em especial, na psicopedagogia, tornou-se indispensável o conhecimento psicanalítico como fundamentação teórica para determinados entendimentos e práticas educativas".

2.1
Definições iniciais

A psicanálise surgiu no final do século XIX, tendo como obra fundante o livro *A interpretação dos sonhos*, de Sigmund Freud, fundador de uma maneira de trabalhar com os problemas e transtornos mentais que os psicanalistas chamam de *clínica*. Para tratarmos dessa abordagem de forma mais profunda, precisamos voltar ao século XVII, período em que a **subjetividade** ganhou importância com os estudos de René Descartes.

Uma definição inicial de *subjetividade* remete àquilo que é interno ao ser humano e à sua vida psíquica, elementos que estabelecem uma relação dialética com o mundo externo ao indivíduo. Nesse sentido, Garcia-Roza (2017) afirma que, com respeito à subjetividade, a psicanálise representou uma mudança significativa em relação à filosofia moderna, pois esta ignorava o indivíduo e se recusava a concebê-lo como uma singularidade concreta. Em contraposição a essa realidade, uma das propostas da psicanálise é ser uma ciência da escuta da individualidade e subjetividade do homem (contemporaneamente, da figura do homem que surgiu após o desenvolvimento da economia capitalista e sua exigência de controle dos corpos e dos desejos). O fato é que a abordagem psicanalítica se constitui como uma das práticas mais eficazes de escuta do discurso individual e até mesmo de grupos, bem como de leitura de questões sociais.

Como mostram seus primeiros escritos, Freud tinha inicialmente a intenção de entender os aspectos obscuros e aparentemente inatingíveis da vida mental. O médico austríaco denominou *psicanálise* a terapia e a teoria. Temos, então, que a psicanálise para Freud (1985, p. 287) é o nome de:

> 1) Um procedimento para a investigação de processos mentais, que são quase inacessíveis por qualquer outro modo; 2) Um método (baseado nesta investigação) para o tratamento de distúrbios neuróticos; e 3) Uma coleção de informações psicológicas obtidas ao longo dessas linhas, e que, gradualmente, se acumulam numa disciplina científica.

Ao longo do presente texto, apresentaremos de forma objetiva definições e conceitos que fazem parte da teoria psicanalítica, que se entrelaçam e dificilmente podem ser pensados sem as concepções que Freud lhes deu. Um conceito sem o qual não pode ser pensada a psicanálise é o de **inconsciente** e seu papel determinante na vida de cada pessoa. Com relação a esse ponto, podemos afirmar que no pensamento nada ocorre ao acaso; para tudo o que se pensa ou se faz, há uma determinação que, em geral, é inconsciente. Sobre esse fato, Feist, Feist e Roberts (2015, p. 17) explicam que "as maiores contribuições de Freud para a compreensão da personalidade são a exploração do inconsciente e a insistência de que as pessoas são motivadas, primariamente, por impulsos dos quais elas têm pouca ou nenhuma consciência". Podemos entender então que cada evento mental é causado pela intenção consciente e mais geralmente inconsciente, sendo determinado pelos fatos que o precederam. Embora pareça, em algumas circunstâncias, que ocorrem espontaneamente, existem elos entre os eventos mentais, que são geralmente inconscientes.

O escritor Thomas Mann (citado por Jaccard, 1990, p. 89) afirma que a psicanálise pode transformar o mundo: "Com ela foi semeado um espírito de desconfiança serena, uma suspeita que se exerce sobre os esconderijos e as maquinações da alma e que a desmascara. Este espírito quando é acordado não adormece nunca mais. Penetra na vida, corta pela base a ingenuidade grosseira, priva-a da atmosfera doentia, que é própria da ignorância". Isso nos leva a pensar na psicanálise como uma revolução que pode ser definida como subterrânea ou submersa, pois acontece dentro da subjetividade, como que um "vírus" da psicanálise que age sobre cada um que dela se aproxima, tendo-a como ponto de referência tanto para sua rejeição como para sua aceitação.

Retomando esse ponto importante da teoria – o de que o inconsciente é determinante na vida de cada ser humano –, devemos considerar, segundo a psicanálise freudiana, que **nada acontece ao acaso, muito menos os processos mentais.** Existe uma causa para cada pensamento, cada memória revivida, sentimento, escolha ou ação. É importante reforçar aqui: **cada evento mental é causado pela intenção consciente e mais geralmente inconsciente** e é determinado pelos fatos que o precederam; embora pareça, em algumas circunstâncias, que ocorrem espontaneamente, existem elos entre os eventos mentais, geralmente inconscientes.

Figueira (1994) aponta que a psicanálise contém uma *Weltanschauung* (isto é, uma visão de mundo ou cosmovisão) potencial, passando por três vertentes:

1. integração dos fenômenos;
2. integração de áreas;
3. integração de categorias ou dimensões do senso comum.

Com relação à integração das dimensões do senso comum, que Figueira (1994) considera a fonte direta da *Weltanschauung* psicanalítica, o autor sugere que a psicanálise baseia-se nas seguintes integrações:

- **Causalidade/acaso**: para Freud, não existem eventos psíquicos que resultem do puro acaso ou livres do desejo; já que o determinismo psíquico governa a mente, em que todos os eventos psíquicos têm uma ou mais causas, estas geralmente são inconscientes.
- **Público/privado**: Freud acaba com a descontinuidade entre esses dois domínios da existência.
- **Normal/patológico**: esta parece ser a mais importante integração produzida pela psicanálise.
- **Indivíduo/sociedade**: Freud consegue fazer a transição do individual ao cultural.
- **Criança/adulto**: não existe uma descontinuidade clara entre a infância e a vida adulta.

Mezan (2006) afirma que o que se vê na psicanálise é algo semelhante ao que aconteceu com a lógica: uma vez estabelecidos seus fundamentos por Aristóteles, eles se mantiveram inalterados por séculos a fio, sendo que seus sucessores refinaram e aperfeiçoaram o método. Hoje, a psicanálise opera, na medida em que é freudiana, com um aparelho conceitual inventado quase que totalmente por Freud; os novos conceitos que não foram contemplados pelo estudioso são de alguma maneira dedutíveis dos do neurologista austríaco ou compatíveis com eles. O essencial do campo psicanalítico foi desbravado e mapeado por Freud, seu fundador, de forma tal que o conceito de cumulatividade (que se acumula com o passar do tempo) se encontra singularmente diminuído nesse campo, isto é, grande parte das pesquisas já foram realizadas. Ao situar ciência e psicanálise, Mezan (2006) atesta que a psicanálise é, sob certos aspectos, científica, mas, sob outros, é criação individual de Freud e ambas as determinações estão altamente vinculadas, isto é, não podemos desvincular a ciência psicanálise do construto teórico de Freud.

Como você pode perceber, a psicanálise está altamente ligada ao pensamento de Freud, cuja história veremos a seguir.

Preste atenção!

Grosso modo, podemos afirmar, conforme Davidoff (2001, p. 18), que a ciência oferece procedimentos disciplinados e racionais para a condução de investigações válidas e a construção de um corpo coerente e coeso de informações. O senso comum, por sua vez, faz uso de conceitos sociais cujos significados foram fixados na vida cotidiana, e não no âmbito de um saber teórico especializado (Gusmão, 2015). Por exemplo: um camponês, ao olhar para o céu ligeiramente avermelhado no final do dia, afirma: "Vai chover". A ciência usará, por seu turno, todos os recursos da meteorologia para prever se choverá ou não.

2.2
A história de Freud

Sigmund Freud nasceu no dia 6 de maio de 1856, na pequena vila de Freiberg, na Morávia (anexada, tempos mais tarde, à Tchecoslováquia). Filho de Jacob Freud, um comerciante de lãs, e sua terceira esposa, Amalie Nathanson, recebeu como nome de batismo Sigismund Schlomo (nome de seu avô paterno), que pouco utilizou, adotando Sigmund como seu nome principal.

De acordo com Gay (2012), a família Freud não ficou muito tempo em Freiberg. Inicialmente, mudaram por pouco tempo, em 1959, para Leipzig e, em 1960, para Viena (o que faz com que Freud seja visto muitas vezes como vienense ou austríaco), considerada, no período anteriormente descrito, o centro cultural da Europa.

> **Indicação cultural**
>
> FREUD, além da alma. Direção: John Huston. Produção: Universal International Pictures; Bavaria Film. EUA: Universal Pictures, 1962. 140 min.
> O filme, cujo roteiro inicial foi escrito pelo filósofo Jean-Paul Sartre, focaliza o início da carreira de Freud. Dirigido por John Huston, conta com as atuações de Montgomery Cliff, Susannah York, Larry Parks, entre outros. Trata-se de uma produção importante para a apresentação do momento da criação da técnica da psicanálise, que, inicialmente, passou pela hipnose. É uma boa sugestão para quem está sendo iniciado na teoria psicanalítica.

Freud foi excelente aluno durante sua infância; no ginásio, teve um ótimo desempenho, sendo o primeiro aluno da turma durante sete anos. Por ser judeu, a maioria das carreiras profissionais, fora a medicina e o direito, foram a ele vedadas – pois havia na época um clima antissemita. Influenciado pelos trabalhos de Darwin e Goethe, decidiu cursar Medicina na faculdade de Viena. Fez o curso por oito anos, trabalhando com o pesquisador Ernst Brüke, que desenvolvia uma linha de pesquisas sobre histologia do sistema nervoso. Freud fez pesquisas independentes na área, também publicando artigos sobre anatomia e neurologia. Entretanto, o próprio Brüke o aconselhou a largar a carreira de pesquisador acadêmico em razão de sua precária situação financeira. Além disso, nesse período de sua vida, Freud apaixonou-se por Marta Bernays, com quem o futuro psicanalista se casou, evento que exigia dele uma melhor remuneração.

O médico austríaco dirigiu-se então para a clínica particular. Inicialmente, trabalhou como cirurgião e, posteriormente, em clínica geral, tornando-se mais tarde médico interno do principal hospital de Viena. Contudo, a área de interesse principal de Freud permanecia vinculada à observação e exploração científica. Após a realização de um curso de Psiquiatria, seu foco de interesse pelas relações entre sintomas mentais e distúrbios físicos só fez aumentar. Em 1885, auferiu um prestigiado cargo de conferencista da Universidade de Viena.

De 1884 a 1887, Freud foi convidado a fazer pesquisas sobre as funções anestésicas da cocaína, cujas propriedades impressionaram o médico, que veio a experimentar a substância umas poucas vezes, o que lhe permitiu observar que o alcaloide impedia a fome, o sono e o cansaço, bem como auxiliava no esforço intelectual. Por pouco tempo, foi defensor do uso da droga; no entanto, após experiências observadas com pessoas que vinham fazendo uso contínuo da substância tornando-se viciadas, Freud abandonou a ideia.

O passo seguinte foi sua ida a Paris para estudar com Jean-Martin Charcot; com apoio de Brüke, o estudioso conseguiu uma bolsa. Charcot realizava um trabalho com pacientes histéricos usando sugestão hipnótica, procedimento que induzia ou aliviava sintomas. Uma situação percebida por Freud na histeria foi que os pacientes exibiam sintomas anatomicamente inviáveis. Por exemplo: na "anestesia de luva", o paciente se sente privado da sensibilidade na mão, mas não no punho e no braço; levando-se em conta que os nervos têm percurso contínuo do ombro até a mão, tal sintoma não deveria ter procedência de ordem física. Assim, Freud deu-se conta de que a histeria é uma doença de natureza psíquica cuja origem demandava uma justificativa psicológica. Charcot, percebendo que seu discípulo era muito capaz e inteligente, deu-lhe permissão para traduzir seus escritos para o alemão quando Freud voltou para Viena.

Uma polêmica se instaurou nesse começo das pesquisas de Freud, pois, para Charcot, só os histéricos seriam hipnotizáveis, enquanto outra corrente de pensamento atestava que todos seriam suscetíveis à hipnose. Outra questão que marcou Freud quando esteve em Paris foi sua ida à casa de Charcot para uma recepção na qual o médico e cientista francês afirmou que a origem dos distúrbios nervosos seria sempre genital.

O trabalho com Charcot na França levou Freud a pensar inicialmente na hipnose como grande instrumento terapêutico. Com a cooperação do experimentado médico Josef Breuer, o médico austríaco explorou a dinâmica da histeria (1895). As descobertas aparecem na seguinte frase do psicanalista: "Os sintomas de pacientes histéricos baseiam-se em cenas do seu passado que lhes causaram grande impressão, mas foram esquecidos (traumas); a terapêutica, nisto apoiada, consistia em fazê-lo lembrar e reproduzir essas experiências num estado de hipnose (catarse)" (Freud, 1980d, p. 17). Mais adiante, Freud percebeu que a hipnose não era tão efetiva quanto inicialmente ele esperava. Em sua primeira grande obra, o livro *Estudos sobre a histeria*, Freud e Breuer mostraram, primeiramente, que havia sentido nos sintomas histéricos e, também, que havia um trauma como causa da doença, sendo que impulsos libidinais estavam vinculados ao sintoma que havia sido reprimido; além disso, relembrar esse trauma e colocá-lo para fora (catarse) era o fator que poderia curar o paciente histérico. Freud (1980c, p. 48, grifo do original) afirma: "**os histéricos sofrem principalmente de reminiscências**", sendo que a maneira de curá-las é lembrando.

Freud foi o grande fundador da psicanálise como leitura teórica sobre o mundo e como método psicoterapêutico. Inicialmente, o médico trabalhou com hipnose, mas percebeu que o conteúdo conversado após as sessões de hipnose com seus pacientes era muito mais efetivo na busca da cura das situações conflitivas que seus pacientes viviam. Graças à sua dinâmica de trabalho, Freud notou que o relato e a associação livre de seus pacientes, tratados sem censura, aliados a uma atenção flutuante por parte do terapeuta (devolvendo o conteúdo ouvido como uma interpretação), teriam uma eficácia maior do que a hipnose.

A grande obra fundante da psicanálise é *A interpretação dos sonhos*, que coincidiu com a virada do século, sendo publicada em 1900. Nesse livro, Freud investiga os sonhos, comprovando a existência do inconsciente. O estudioso define os sonhos como produto de um trabalho psíquico, entendendo que sonhar permite a conservação do sono. Portanto, sonhamos para não acordar. De acordo com Freud, os sonhos são também realização de desejos que estão guardados (recalcados) no inconsciente, conceitos que veremos mais adiante. No processo terapêutico, os sonhos são material importante, pois são uma das maneiras pelas quais o inconsciente se manifesta e pode ser trabalhado.

Pense a respeito

Sobre a interpretação dos sonhos, Freud escreveu: "Contém ela [...] a mais valiosa de todas as descobertas que tive a felicidade de fazer. Compreensão dessa espécie só ocorre uma vez na vida" (Freud, citado por Garcia-Roza, 2017, p. 61). *A interpretação dos sonhos* é um dos livros mais importantes do século XX. Embora inicialmente tenha sido mal recebida pelos psiquiatras, a obra aos poucos foi sendo reeditada e pode ser considerada a fundação da psicanálise, pois foi lida e estudada pelos analistas pioneiros e ainda é analisada na atualidade.

No ano seguinte, Freud publicou *Psicopatologia da vida cotidiana*. Nesse período, vários estudiosos se interessaram pelo médico austríaco, incluindo-se Alfred Adler, Sandot

Ferenczi, Carl Jung, Otto Rank, Karl Abraham e Ernest Jones, a famosa Sociedade das Quartas-Feiras (dia em que esses estudiosos se reuniam), que mais tarde se tornou a Sociedade Psicanalítica de Viena. A interação entre os integrantes desse grupo teve como fruto vários textos e até mesmo um periódico. Em 1910, Freud foi aos Estados Unidos a convite da Universidade de Clark para a preleção de palestras. Para controlar o crescimento do movimento que ele mesmo criou, Freud rompeu relação com muitas personalidades da área psicanalítica que tinham concepções consideradas divergentes, como Jung, Adler e Rank, entre outros. Cada um deles acabou por desenvolver as próprias abordagens anos mais tarde.

Como você pode perceber, Freud escreveu extensivamente. Suas obras completas perfazem 24 volumes, entre as quais podemos citar:

- *Estudos sobre a histeria* (1895), no qual o estudioso trabalhou seu primeiro caso clínico, Anna O., apelido usado para a paciente Bertha Pappenheim; foi escrito junto com Breuer e apresenta o método clínico inicial da psicanálise.
- *A interpretação dos sonhos*, obra mencionada anteriormente, e *Psicopatologia cotidiana* (1901), livro em que o psicanalista mostra que os atos falhados (em que há uma intenção e o resultado se dá de outra maneira), os esquecimentos e as trocas de nomes estão associados ao material inconsciente.
- *Três ensaios sobre a sexualidade* (1905), texto sobre a sexualidade infantil que comentaremos mais adiante, ao discutirmos sobre o desenvolvimento psicológico e suas fases.

- *Os chistes e sua relação com o inconsciente* (1905), obra em que Freud faz uma análise do humor e das piadas, vendo-os como formas de dizer socialmente verdades inconscientes.
- *O pequeno Hans* e *O homem dos ratos* (1909), obras que apresentam tratamentos para neuroses e que contribuíram imensamente para a técnica psicanalítica.
- *Totem e tabu* (1913), *Moisés e o monoteísmo* (1939), *O mal-estar na civilização* (1930) e *O futuro de uma ilusão* (1927), textos em que Freud aborda o funcionamento da sociedade sob o prisma do inconsciente. O psicanalista construiu uma estrutura de pensamento que sobreviveu a ele e reorientou o pensamento sobre a psicologia e a psiquiatria.

De acordo com Feist, Feist e Roberts (2015, p. 17), "Freud possuía intensa curiosidade intelectual; coragem moral incomum (demonstrada por sua autoanálise diária)". Em 1933, durante a perseguição nazista, foram queimados muitos dos seus livros em praça pública, e sua família foi perseguida pelo governo vigente. Além desses revezes, os últimos anos do psicanalista foram difíceis: em 1923, desenvolveu câncer na boca e na mandíbula; nos anos seguintes, submeteu-se a 33 cirurgias para deter a doença que se expandia. Apesar disso, o médico continuou atendendo pacientes e escrevendo sobre psicanálise. Já no contexto da ocupação austríaca em 1938, os alemães permitiram, após muita negociação, que Freud fosse para Londres; um ano depois, o estudioso morreu.

As ideias de Freud e seu sucesso podem ser dimensionados pelo fato de seus conceitos se tornarem parte da herança comum ocidental, pois devemos ao psicanalista a revelação do mundo por detrás da consciência humana. A partir deste ponto do texto, depois de termos apresentado a história de Freud, cuja trajetória e obra muitas vezes se imbricam, passaremos aos conceitos principais da psicanálise.

2.3
Os principais conceitos psicanalíticos

A seguir, elencaremos os principais conceitos da teoria psicanalítica. Alguns deles serão apresentados brevemente nesta seção, pois serão objeto de estudo mais adiante, quando tratarmos das etapas do desenvolvimento psicológico e dos mecanismos de defesa. Os conceitos principais são: determinismo psíquico; consciente, pré-consciente e inconsciente; pulsões ou instintos; libido; catexia; estrutura da personalidade (id, ego e superego); sonhos; mecanismos de defesa; transferência; fases psicossexuais do desenvolvimento. Vejamos cada um deles na sequência.

2.3.1
Determinismo psíquico

Como explicamos anteriormente, de acordo com a psicanálise, há sempre uma determinação em tudo o que fazemos, pois tudo o que realizamos, pensamos e sentimos está de alguma maneira determinado pelo inconsciente. Segundo a abordagem teórica citada, não há descontinuidade na vida mental, nada acontece ao acaso; para tudo há uma determinação consciente ou inconsciente, imposta por fatos precedentes. Portanto, se pensarmos de acordo com essa perspectiva, não escolhemos nossa profissão, nem mesmo nosso(a) parceiro(a) com quem dividimos nosso afeto, entre outros aspectos de nossa vida; em geral, essas escolhas se dão por mecanismos do inconsciente.

2.3.2
Consciente, pré-consciente e inconsciente

O modelo mental inicial, que muitos psicanalistas chamam de *primeira tópica freudiana* (visto que é a grande primeira tentativa de Freud de explicar o funcionamento do ser humano), inclui os três sistemas de funcionamento do sujeito humano – o consciente, o pré-consciente e o inconsciente. Como demonstraremos mais adiante, Freud ampliou esses conceitos para ego, superego e id, na denominada *segunda tópica freudiana*.

O **consciente** corresponde a apenas uma pequena parte da mente e inclui tudo aquilo de que estamos cientes em dado momento. É muitas vezes descrito como se fosse apenas a ponta de um *iceberg*, cuja massa maior seria referente ao inconsciente. É o mesmo que *consciência*, de acordo com a perspectiva dos filósofos e do senso comum.

O **pré-consciente**, parte do inconsciente facilmente acessível ao consciente, inclui, entre outros elementos, as porções de memória, que podem consistir em lembranças de nossas ações cotidianas passadas, da rua em que moramos, de nossas refeições, do cheiro da mata após a chuva, dos conteúdos que estudamos. Funciona como uma reserva de lembranças para que a consciência possa trabalhar.

Por fim, para tratarmos do **inconsciente**, citamos novamente a perspectiva de Freud, para o qual há conexões entre todos os eventos mentais. Nesse sentido, Friedman e Schustack (2004) associam os sonhos ao inconsciente, afirmando que essa instância é a parte inacessível de nossa mente ao pensamento corrente habitual e consciente. "Digamos que você sonhe repetidamente que está subindo uma escada em perseguição ao seu chefe. Você corre cada vez mais rápido e vai ficando mais e mais frustrado, sem nunca chegar ao pico. Freud interpretou este ato como a representação de uma relação sexual nunca consumada" (Friedman; Schustack, 2004, p. 68). Portanto, podemos pensar que o inconsciente é o que não sabemos de nós mesmos, o que esquecemos, o que ficou para trás em nossa história, mas que continua existindo e fazendo parte do que somos. Temos também no inconsciente elementos pulsionais (a pulsão e os elementos pulsionais serão tratados logo mais adiante no texto) ou instintivos que nunca foram conscientes.

O inconsciente também conta com material excluído, censurado ou reprimido da consciência. Esses elementos não são esquecidos; entretanto, não temos acesso a eles, e sua presença afeta a consciência indiretamente. Feist, Feist e Roberts (2015) afirmam que, para Freud, os elementos dos sonhos e dos lapsos de linguagem (quando desejamos falar uma coisa e dizemos outra) têm origem no inconsciente. O psicanalista acreditava que as vivências da criança podem repercutir nos sonhos do indivíduo adulto, mesmo que este não tenha nenhuma recordação concreta da experimentação em si.

> No inconsciente estão os principais determinantes da personalidade (que, conforme a leitura da psicanálise, se forma até os 6-7 anos de vida, etapa cujas lembranças estão recalcadas no inconsciente e determinam a vida adulta), as fontes da energia psíquica, as **pulsões**.

No processo analítico, isto é, no decorrer de uma análise, as principais fontes de acesso ao inconsciente do analisando são: sonhos, atos falhos, chistes (humor), sintomas, transferência, lapsos de linguagem (quando se quer dizer uma coisa e se fala outra) e esquecimento. Na progressão de nossa abordagem, esses conceitos serão enfocados com maior profundidade.

2.3.3
Pulsões ou instintos

Existe uma dificuldade para a diferenciação entre pulsão (*trieb*) e instinto (*instinkt*), em função da tradução dos termos para o português. Para efeito de nosso estudo, a pulsão é um conceito situado na fronteira entre o corpo e a mente, como o representante psíquico dos estímulos que se originam no corpo – dentro do organismo – e alcançam a mente. A pulsão distingue-se do instinto pelo fato de este último estar ligado a comportamentos preestabelecidos e realizados de maneira estereotipada. *Grosso modo*, o instinto é algo animal, enquanto a pulsão é de natureza humana. Os componentes das pulsões são os seguintes:

- **Fonte:** surgimento de uma necessidade que pode ser o corpo ou parte dele. Em outras palavras, a fonte é o próprio corpo.
- **Finalidade:** ação de satisfazer a necessidade do organismo.
- **Pressão:** quantidade de energia ou força usada para satisfazer a pulsão.
- **Objeto:** qualquer coisa, ação ou expressão que permite a satisfação original. Fadiman e Frager (2002) apresentam um exemplo: Uma pessoa com sede. O corpo se desidrata a ponto de precisar de mais líquido. A pessoa toma consciência da sede e, a medida que esta não é satisfeita, torna-se mais pronunciada. Ao mesmo tempo que aumenta sua intensidade, aumenta também a pressão ou a energia disponível para fazer algo no sentido de saciar ou aliviar a sede. "A finalidade é reduzir a tensão" (Fadiman; Frager, 2002, p. 8). Podemos então pensar que o objeto não é simplesmente um líquido (água), mas todo ato que busca reduzir a tensão. Isso pode incluir levantar-se, ir a um bar, escolher uma entre várias bebidas, pedir uma delas e bebê-la.

Basicamente, há duas forças (ou pulsões) fundamentais com as quais funcionamos: a **pulsão sexual** (ou pulsão de vida) e a **pulsão agressiva** (ou pulsão de morte), ambas responsáveis pela manutenção da vida; ambas apontam para dois conflitos instintivos básicos, biológicos, contínuos e não resolvidos. O fato é que não suportaríamos colocar em ato essas pulsões de maneira imediata, pois morreríamos, então **sublimamos** suas energias. Por exemplo: colocamos nossa energia agressiva para praticar esportes, para confeccionar uma obra de arte ou mesmo para trabalhar e estudar.

> **Importante!**
>
> A sublimação é um mecanismo de defesa (que também veremos em capítulo posterior) altamente positivo, pois auxilia o funcionamento da sociedade. A sublimação de uma pulsão (sexual ou agressiva) faz com que sua energia seja direcionada a objetos substitutos. O desvio de suas metas originais é, em geral, investido em realizações culturais ou realizações individuais úteis à sociedade.

2.3.4
Libido

Libido deriva do latim e significa "desejo ou anseio"; é a energia usada para a pulsão de vida ou sexual. "Sua produção, aumento ou diminuição, distribuição e deslocamento devem propiciar-nos possibilidades de explicar os fenômenos psicossexuais observados" (Freud, 1980d, p. 113). Essa energia situa-se em locais variáveis do organismo (por exemplo: no recém-nascido, situa-se na região da boca, sendo deslocável à medida que o desenvolvimento ocorre, até chegar à região genital na etapa adulta). Pode também ser direcionada a uma pessoa, objeto ou atividade intelectual.

Para Laplanche e Pontalis (2001, p. 343), o termo *libido* remete a três situações:

como substrato da pulsão sexual quanto ao objeto (deslocamento de investimento, ex. oral, anal, fálico), quanto ao alvo (sublimação, por exemplo) e quanto à fonte de excitação sexual (diversidade das zonas erógenas). A energia agressiva, ou pulsão de morte não tem um nome especial, supostamente apresenta as mesmas características que a libido.

2.3.5
Catexia

Fadiman e Frager (2002, p. 10) afirmam que *catexia* "é o processo pelo qual a energia disponível na psique é vinculada ou investida na representação mental de uma pessoa". Assim, conforme os autores citados,

> quando a libido é catexizada, perde sua mobilidade e não mais se move em direção a novos objetos. Deriva da palavra alemã *besetzung*, que significa ao mesmo tempo ocupar e investir. Se você imaginar como se fosse um investimento financeiro, após investir parte de seu dinheiro em algo, você não teria mais essa quantia para investir em outro lugar. (Fadiman; Frager, 2002, p. 10)

Quando guardamos luto pela perda de alguém, por exemplo, retiramos a energia que comumente investiríamos em várias situações e a colocamos sobre a pessoa que perdemos, ou seja, hipercatexizando (isto é, colocando muita energia) essa pessoa perdida, e, como deslocamos a energia que seria aplicada a outros aspectos de nossa vida, não queremos lidar com o dia a dia, e sim com nossa perda. À medida que vivemos o luto pela perda, hipercatexizando as lembranças da pessoa amada, lembramos e sofremos repetidamente a dor da perda, que, com o tempo, diminui até chegar o momento em que apenas o ato de lembrar se faz presente, enquanto a dor se torna, como na música de Marina Lima, "Só uma canção/Na minha guitarra" (Zambianchi, 1986). A teoria psicanalítica está interessada em entender em que aspecto a libido é catexizada inadequadamente, pois, uma vez liberada ou redirecionada, fica então disponível para satisfazer outras necessidades habituais.

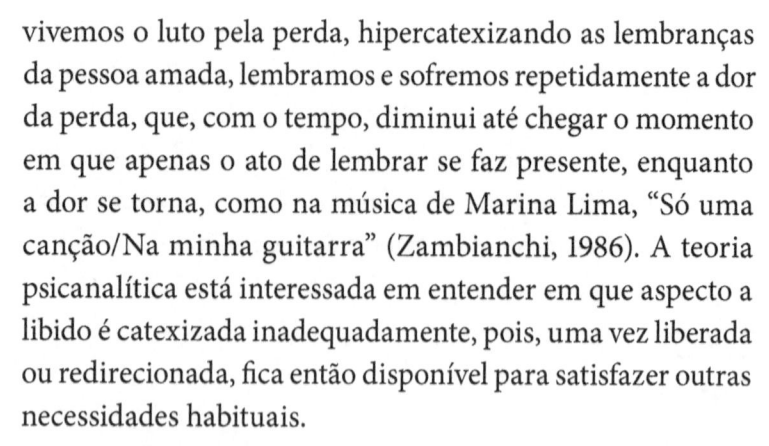

A seguir, vejamos como a personalidade se estrutura segundo a psicanálise.

2.3.6
Estruturas da personalidade: id, ego e superego

Costuma-se chamar de *segunda tópica freudiana* o desenvolvimento teórico no qual Freud utiliza termos para melhor explicar os fenômenos observados no inconsciente. As primeiras ideias sobre a ampliação dos conceitos referentes à estrutura da personalidade aparecem em *Além do princípio do prazer* (1920), sendo mais bem desenvolvidas em *O ego e o id* (1923). Apesar de as três instâncias – o id, o ego e o superego – terem funções específicas, elas são ao mesmo tempo indissociadas.

Figura 2.1 – Três instâncias da personalidade: id, ego e superego

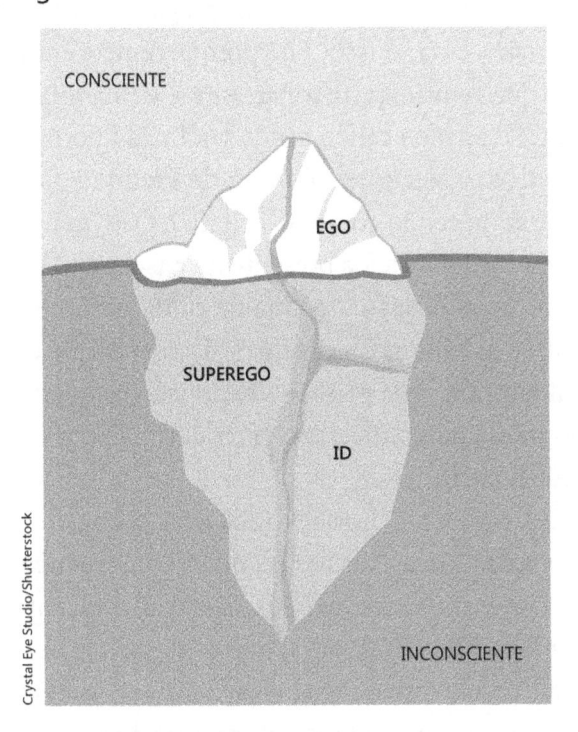

CONSCIENTE
EGO
SUPEREGO
ID
INCONSCIENTE

Crystal Eye Studio/Shutterstock

Observe na imagem a seguinte configuração: no lado consciente, o ego e parte do superego; na parte inconsciente, o id e grande parte do superego. Vejamos a seguir uma descrição das três instâncias.

Id

Uma boa tradução para o termo empregado por Freud (*das es*, em alemão) seria "o isso" (até porque remete a uma ideia do "isso" que tem força inconsciente e determina coisas). No entanto, o termo acabou sendo traduzido no Brasil com base na edição americana da obra de Freud, e o termo *id* acabou permanecendo como no original. O id "contém tudo que é herdado, que se acha presente no nascimento, que está presente na constituição – acima de tudo, portanto, os instintos que se originam da organização somática e que aqui (no id) encontram uma primeira expressão psíquica sob formas que nos são desconhecidas" (Freud, citado por Fadiman; Frager, 2002, p. 11).

Para Friedman e Schustack (2004), o id contém a força e as motivações físicas básicas, as quais com frequência são chamadas de *instintos* ou *pulsões*. Freud afirma, em *Esboço de psicanálise*, de 1939 (1980c), que o id está na origem de tudo – dele desenvolve-se o ego sob a influência persistente do mundo externo. No entanto, ele próprio é amorfo, caótico e desorganizado.

Em 1933, Freud explicou (em *Novas conferências*) que as "leis lógicas do pensamento não se aplicam ao Id – Impulsos contrários existem lado a lado, sem que um anule o outro, ou sem que um diminua o outro" (Freud, 1980f, p. 94). O id é o reservatório de energia de toda a personalidade. Fadiman e Frager (2002, p. 11) explicam: "O Id pode ser associado a um rei cego cujo poder e autoridade são totais e cerceadores, mas que depende de outro para distribuir e usar de modo adequado seu poder". Portanto, os "conteúdos do id são quase todos inconscientes; eles incluem configurações mentais que nunca se tornaram conscientes, assim como o material que foi considerado inaceitável pela consciência" (Fadiman; Frager, 2002, p. 11). Ainda de acordo com os autores citados, pensamentos e lembranças que migraram da consciência para o id têm repercussões na psique do indivíduo. Portanto, esses conteúdos esquecidos têm poder de controle, mas só no nível inconsciente.

Ego

O ego é o lado da personalidade que está em contato com o mundo externo. Desenvolve-se a partir do id, à medida que o bebê toma consciência da própria identidade, buscando aplacar as constantes exigências do id. Uma metáfora que poderia representar esse conceito seria a da casca de uma árvore, que, para protegê-la, extrai dela sua energia. Essa instância tem a tarefa de garantir a saúde, a segurança e a sanidade da personalidade, atuando como seu polo defensivo, sendo um mediador. Constitui-se de uma grande sequência de identificações a objetos externos (pessoas como a mãe e o pai) que são incorporados com o passar da vida. Convém ressaltarmos que a instância tem raízes no inconsciente (como no caso dos mecanismos de defesa do ego).

O ego tem função mediadora e de integração e harmonização entre as pulsões do id, as demandas do mundo externo e as ameaças do superego. É o ego que assegura nossa identidade, garantido nossa autoconservação. Freud afirma:

> São estas as principais características do ego: em consequência da conexão preestabelecida entre a percepção sensorial e a ação muscular, o ego tem sob seu comando o movimento voluntário. Ele tem a tarefa de autopreservação. Com referência

> aos acontecimentos externos desempenha essa missão dando-se conta dos estímulos externos, armazenando experiências sobre eles (na memória), evitando estímulos excessivamente internos (mediante a fuga), lidando com estímulos moderados (através da adaptação) e, finalmente, aprendendo a produzir modificações convenientes no mundo externo, em seu próprio benefício (através da atividade). (Freud, 1980c, p. 170)

Por meio dessa citação, você pode perceber como o psicanalista austríaco via o funcionamento do ego em relação aos acontecimentos externos. Vejamos agora como ele o via em relação aos acontecimentos internos:

> Com referência aos acontecimentos internos, em relação ao id, ele desempenha essa missão obtendo controle sobre as exigências dos instintos, decidindo se elas devem ou não ser satisfeitas, adiando essa satisfação para ocasiões e circunstâncias favoráveis no mundo externo suprimindo inteiramente as suas excitações. É dirigido, em sua atividade, pela consideração das tensões produzidas pelos estímulos; despejam estas tensões nele presentes ou são nele introduzidas. A elevação dessas tensões é, em geral, sentida como desprazer e o seu abaixamento como prazer... O ego se esforça pelo prazer e busca evitar o desprazer. (Freud, 1980c, p. 170)

Superego

O superego atua como um juiz ou censor das atividades de pensamento do ego. É o depósito das leis e códigos morais, modelos de conduta e construtos que têm função de inibição. É o herdeiro do complexo de Édipo, o que indica que se forma mais tarde no desenvolvimento, isto é, após a vivência dessa fase, essa experiência pode ser reprimida (ou recalcada), fenômeno que faz surgir o superego com suas leis morais. É estruturado por processos de identificação, principalmente a identificação com o superego dos pais. Apresenta três funções: auto-observação; consciência moral; função de ideal – ideal de ego. Como consciência, o superego age para restringir, julgar, proibir as atividades conscientes, embora também aja inconscientemente, situação em que as restrições do inconsciente aparecem como proibições ou compulsões.

Já a auto-observação surge da capacidade do superego de avaliar atividades independentemente das pulsões do id para redução de tensão e também independentemente do ego, que está envolvido na satisfação de necessidades. Como formação de ideias, toma como modelo de identificação não os pais, mas o superego dos pais, atuando como um transmissor de valores entre as gerações.

2.3.7
Sonhos

No livro considerado um dos trabalhos mais importantes de Freud – *A interpretação dos sonhos* –, o autor descreve que os sonhos ajudam a psique a se proteger e a se satisfazer. A grande função do sonho é a manutenção do sono, isto é, sonhamos para não acordar. Os sonhos são a satisfação de desejos, pois, durante o sonho, alcançamos uma realização alucinatória de desejos que estão recalcados, isto é, inconscientes. Os sonhos realizam os desejos de forma inócua, atendendo ao princípio do prazer. No processo analítico, isto é, no decorrer de uma análise, o sonho é uma importante fonte de acesso ao material inconsciente.

Garcia-Roza (2017) afirma que cada elemento do sonho funciona como um significante de algo oculto e inconsciente, o que significa dizer que o sentido do sonho não está presente desde o início em seu conteúdo manifesto, mas que surgirá a partir de um trabalho de estruturação. Os sonhos têm então um conteúdo manifesto, que é o que vemos e sentimos no sonho, e um conteúdo latente, que é o conteúdo inconsciente e que deve ser desvendado pela análise.

Os sonhos têm quatro mecanismos fundamentais: condensação, deslocamento, figuração e elaboração secundária. Na **condensação**, o conteúdo manifesto é menor do que o conteúdo latente; ele condensa uma série de imagens visuais e auditivas, caso em que o conteúdo manifesto remete a um conteúdo inconsciente muito mais amplo. Já no **deslocamento**, que é obra também da censura sobre o inconsciente pela qual os sonhos passam, há uma substituição de elementos do conteúdo latente por outros mais remotos que geralmente fazem uma simples alusão, que muitas vezes acentua um acontecimento de menor importância, descentralizando assim a relevância. A **figuração** consiste na seleção e transformação dos pensamentos do sonho em imagens. Na **elaboração secundária**, acontece uma modificação do sonho para que ele pareça mais coerente e compreensível, perdendo sua aparência de absurdo. Os sonhos são formados de restos ou resíduos inconscientes diurnos e lembranças infantis, isto é, o que vivenciamos nos últimos dias e o que vivemos nos nossos primeiros 7 anos de vida. Portanto, os sonhos são a realização de desejos inconscientes, sendo também uma manifestação do inconsciente.

2.3.8
Transferência

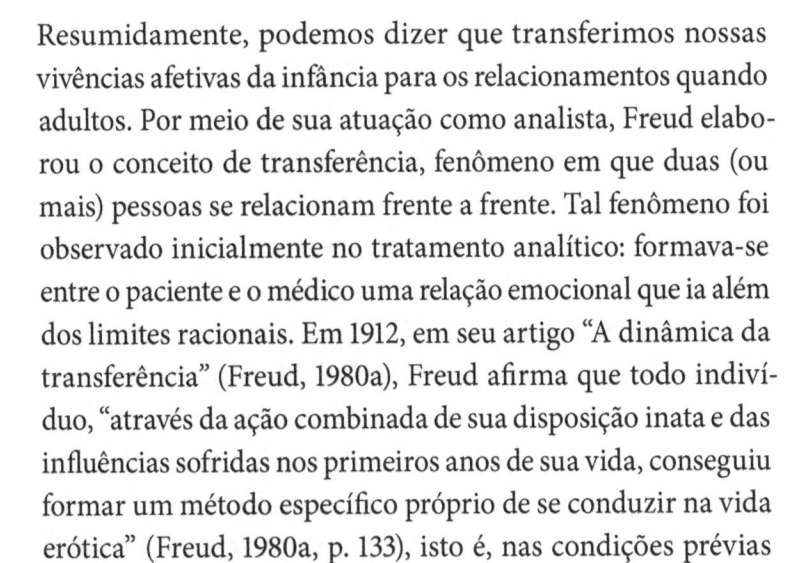

Resumidamente, podemos dizer que transferimos nossas vivências afetivas da infância para os relacionamentos quando adultos. Por meio de sua atuação como analista, Freud elaborou o conceito de transferência, fenômeno em que duas (ou mais) pessoas se relacionam frente a frente. Tal fenômeno foi observado inicialmente no tratamento analítico: formava-se entre o paciente e o médico uma relação emocional que ia além dos limites racionais. Em 1912, em seu artigo "A dinâmica da transferência" (Freud, 1980a), Freud afirma que todo indivíduo, "através da ação combinada de sua disposição inata e das influências sofridas nos primeiros anos de sua vida, conseguiu formar um método específico próprio de se conduzir na vida erótica" (Freud, 1980a, p. 133), isto é, nas condições prévias que estabelece para e nos objetivos que determina a si mesmo no decurso de sua vida erótica. Isso produz, segundo Freud,

> o que se poderia descrever como um clichê estereotípico (ou vários deles), constantemente repetido; sempre reimpresso, no decorrer da vida da pessoa, na medida em que as circunstâncias externas e a natureza dos objetos amorosos a ela acessíveis permitam, e que dificilmente muda frente a experiências recentes. (Freud, 1980a, p. 133-134)

Freud (1980a) atesta, de acordo com seus estudos, que há impulsos eróticos não beneficiados pelo desenvolvimento psíquico. Somente uma parcela dessas tendências está ligada à realidade e à personalidade consciente; a outra parcela aloja-se no inconsciente, gerando transferências na vida adulta.

2.3.9
Fases psicossexuais do desenvolvimento

Em 1905, Freud publicou *Três ensaios sobre a teoria da sexualidade* (Freud, 1980i), texto no qual tratou especialmente do desenvolvimento humano, da vida do bebê até a vida adulta, mostrando algumas etapas do desenvolvimento: oral, anal e fálica, que remetem à estrutura do sujeito humano. Conforme o psicanalista, há um fantasma que acompanha todo indivíduo durante sua vida e que o estrutura como sujeito; esse fantasma chama-se *Édipo* (não o do mito, mas o da estrutura). Todo ser humano tem de atravessá-lo de uma maneira ou de outra no decorrer de sua existência, pois, se não o fizer, com certeza não será um sujeito que enfrentou sua castração. A maneira como o sujeito vive essas fases ou etapas do desenvolvimento é que determinará como será sua personalidade no futuro, isto é, todo indivíduo é a repetição do que vive em sua infância inicial (de 0 a aproximadamente 7 anos). Mais adiante, discutiremos de maneira mais aprofundada a dinâmica do desenvolvimento e das etapas psicossexuais.

2.3.10
Mecanismos de defesa

Os mecanismos de defesa do ego permitem que lidemos melhor com a realidade e caracterizam-se, muitas vezes, por situações que são patogênicas (isto é, que estão diretamente ligadas a neuroses). Entre esses mecanismos, estão os seguintes: ansiedade, repressão, negação, racionalização, formação reativa, isolamento e projeção. A regressão, entre outros, será também examinada em um capítulo próprio.

2.4
Terapia psicanalítica: o papel do psicanalista

O propósito da psicanálise é auxiliar o paciente a estabelecer o melhor nível de funcionamento do ego e do superego, levando-se em consideração a força com que o id se manifesta, bem como a influência do ambiente externo no funcionamento psíquico. Em outras palavras, o objetivo da "cura" psicanalítica seria um alívio das dificuldades neuróticas. Convém ressaltarmos que o pretenso profissional, para tornar-se analista, também precisa passar pelo processo de análise; em algumas sociedades de psicanálise, é necessário passar por uma análise didática com um analista já reconhecido, na qual não deve haver confusão entre os conteúdos do paciente e os do analista, visto que este já é analisado.

A prática clínica da psicanálise, que vem desde os primeiros pacientes de Freud, parece (só parece) ser simples. O paciente deve falar livremente (associação livre) e sem censura tudo o que lhe vier à mente, e o analista deve escutar com uma atenção levemente flutuante, isto é, ouvir o que o paciente possa trazer de diferente em seu discurso, como já mencionado anteriormente – lapsos, sonhos, atos falhados, sintomas, chistes, esquecimentos e, principalmente, transferência. É com o analista que a vivência transferencial acontece e é trabalhada; em geral, o analista tem a percepção do que o paciente está vivendo e de que a repetição de situações afetivas manifestadas pelo paciente não se dá com o profissional analista. A incumbência do terapeuta é ajudar o paciente a relembrar, recuperar e integrar materiais inconscientes, de forma que a vida atual possa ser mais satisfatória. Perceba: em nenhum momento é oferecida a felicidade, a ausência de conflitos ou a normalidade, até porque esta última não existe.

2.5
Influências da psicanálise

Nesta seção, elencaremos alguns grandes teóricos que tiveram influência direta da psicanálise, embora, como explicamos no início do capítulo, a psicanálise permeie muito do pensamento da psicologia e até da sociedade. Não trataremos aqui dos grandes nomes que surgiram dentro da psicanálise, como Melanie Klein, Ana Freud, Jacques Lacan e Donald Winnicott, pois esses teóricos serão enfocados em capítulos específicos adiante.

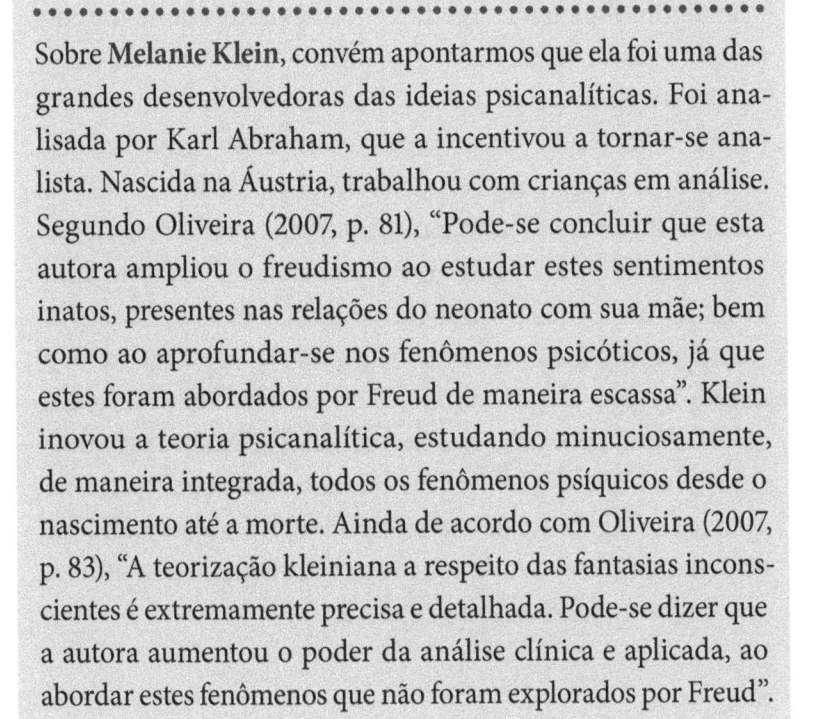

> **Importante!**
>
> Sobre **Melanie Klein**, convém apontarmos que ela foi uma das grandes desenvolvedoras das ideias psicanalíticas. Foi analisada por Karl Abraham, que a incentivou a tornar-se analista. Nascida na Áustria, trabalhou com crianças em análise. Segundo Oliveira (2007, p. 81), "Pode-se concluir que esta autora ampliou o freudismo ao estudar estes sentimentos inatos, presentes nas relações do neonato com sua mãe; bem como ao aprofundar-se nos fenômenos psicóticos, já que estes foram abordados por Freud de maneira escassa". Klein inovou a teoria psicanalítica, estudando minuciosamente, de maneira integrada, todos os fenômenos psíquicos desde o nascimento até a morte. Ainda de acordo com Oliveira (2007, p. 83), "A teorização kleiniana a respeito das fantasias inconscientes é extremamente precisa e detalhada. Pode-se dizer que a autora aumentou o poder da análise clínica e aplicada, ao abordar estes fenômenos que não foram explorados por Freud".

Vejamos a seguir um pequeno esboço da trajetória de alguns nomes notáveis envolvidos com a psicanálise.

2.5.1
Jung

Nascido na Suíça, Carl Gustav Jung, criador da psicologia analítica, teve um vínculo inicial muito forte com Freud e a psicanálise, a ponto de Freud achar que ele seria o continuador de sua obra. Ambos trabalharam juntos durante anos, mas vieram a romper pela não concordância de Jung com alguns tópicos de Freud, como a sexualidade; ao mesmo tempo, Freud não aceitava determinados conceitos de Jung.

O estudioso suíço desenvolveu sua teoria mantendo o inconsciente freudiano, porém acrescentando o inconsciente coletivo, herdado culturalmente desde o homem primitivo. Além desse conceito junguiano, podemos citar os seguintes: as atitudes de introversão ou extroversão (de acordo com Jung, há uma predominância de uma delas em cada pessoa); a *persona* (forma por meio da qual nos apresentamos ao mundo), o ego, a sombra (núcleo do material reprimido, em geral formado por desejos e experiências rejeitadas pelo indivíduo); os arquétipos *anima* ou *animus* (o lado que representa a parte sexual oposta de cada indivíduo) e o *self* (a totalidade da personalidade), sendo todos esses arquétipos (estruturas) ancorados no inconsciente coletivo.

2.5.2
Adler

Nascido na Áustria, Alfred Adler desenvolveu a teoria da psicologia individual. Era também inicialmente ligado a Freud e sua teoria; entretanto, por não aceitar os conceitos de libido ou mesmo de complexo de Édipo, Adler rompeu com o psicanalista após mais de dez anos de trabalho conjunto, criando a própria teoria. Seus conceitos principais estão ligados ao complexo de inferioridade e de superioridade. O teórico apregoa que as pessoas, ao se sentirem inferiores na infância, por exemplo, buscam, no decorrer de sua vida, compensar esse sentimento com objetivos contrários àquilo que instigam seu sentimento de inferioridade (lutando pela superioridade). O estudioso austríaco trabalhou também com conceitos ligados à busca de um estilo de vida e ao estabelecimento de objetivos, além de valorizar o interesse social. Sua abordagem remete à ideia de uma psicologia voltada ao ego e à busca de uma boa maneira de lidar com a realidade.

2.5.3
Reich

Wilhelm Reich desenvolveu sua teoria após rompimento com Freud, vinculando-a ao trabalho corporal. Teve influências da psicanálise no marxismo, o que o levou a criar clínicas de educação sexual na Áustria e na Alemanha. Seus principais conceitos são vinculados ao caráter (atitudes habituais de uma pessoa), à couraça muscular (uma atitude física correspondente a cada atitude de caráter; o caráter do indivíduo é expresso no corpo em termos de rigidez muscular), à bioenergia (energia biológica liberada com a perda da couraça muscular) e à energia orgônica (energia do organismo e do orgasmo). Reich percebia a repressão sexual como obstáculo ao crescimento do indivíduo.

Outros teóricos da psicologia que também tiveram influência da psicanálise, embora não com tanta ênfase, foram Frederick Perls e Abraham Maslow. Perls foi influenciado inicialmente pela psicanálise, desenvolvendo mais tarde sua teoria vinculada à *Gestalt* (que é outra corrente de psicologia). Já Maslow criou um método de pesquisas sobre o ser humano saudável que foi chamada de *teoria da autoatualização* (a busca da realização como ser humano).

Síntese

Como pudemos demonstrar neste capítulo, a psicanálise é uma grande construção teórica e uma prática clínica elaborada por Sigmund Freud e que tem muitos seguidores até a atualidade. Essa área do conhecimento surgiu com as escutas que Freud realizou com pacientes histéricas, que preferiam falar a serem hipnotizadas, e também com a auto-observação de Freud, mencionada em seu texto *A interpretação dos sonhos*, de 1900, no qual o médico estabeleceu os pilares da nova ciência – a psicanálise. Um desses pilares é o inconsciente, conceito por meio do qual Freud afirma que nada acontece por acaso; que para tudo há um determinante geralmente inconsciente. Mais adiante, Freud propôs uma abordagem do ser humano considerando três perspectivas – o ego, o id e o superego (o que se convencionou chamar de *segunda tópica*). De acordo com o estudioso, o id e o superego são basicamente inconscientes, ao passo que o ego é em grande parte consciente. Outro conceito freudiano é o das pulsões que nos formam – pulsões sexuais e agressivas, que geralmente sublimamos (encaminhamos essas energias) e direcionamos para atividades úteis à sociedade, como estudar, trabalhar e praticar esportes. A psicanálise teve uma imensa influência em quase todos os pensadores da psicologia.

Atividades de autoavaliação

1. Analise as afirmativas a respeito da psicanálise apresentadas a seguir:
    I) Trata-se de um procedimento clínico para pessoas com doenças mentais.

II) Trata-se de um método científico de pesquisa.
III) Trata-se de um método de atendimento clínico cuja vertente de pesquisas foi criada por Freud.
IV) Leva em consideração apenas o meio ambiente, rejeitando completamente o conceito de inconsciente.
V) Valoriza apenas o "aqui e agora", não dando importância à infância e às vivências edipianas de seus pacientes.

Agora, assinale a alternativa que indica as afirmativas corretas:

a) Somente as afirmativas I, II, III estão corretas.
b) Somente as afirmativas I e IV estão corretas.
c) Somente as afirmativas II e III estão corretas.
d) As afirmativas II, III e IV estão corretas.
e) Somente as afirmativas IV e V estão corretas.

2. Podemos afirmar que um conceito básico da psicanálise é:
a) o inconsciente coletivo.
b) as relações interpessoais.
c) o inconsciente.
d) o meio ambiente interferindo na aprendizagem.
e) a introversão.

3. Relacione os conceitos listados às afirmações que se seguem:
1) Sonhos
2) Mecanismos de defesa
3) Associação livre
4) Psicanálise
5) Inconsciente

( ) Permitem que lidemos melhor com a realidade e são caracterizadas, muitas vezes, por situações patogênicas. São alguns exemplos a ansiedade, a repressão, a negação, a racionalização, a formação reativa, o isolamento e a projeção.

( ) Trata-se da área de estudo que afirma que os seres humanos são motivados por instintos e impulsos inconscientes que não estão disponibilizados na porção racional e consciente da mente. A base desse campo do conhecimento é o inconsciente.

( ) O paciente deve falar livremente e sem censura tudo o que lhe vier à mente.

( ) São resultado da realização de desejos inconscientes e são formados de resíduos inconscientes diurnos e lembranças infantis.

( ) Trata-se do conceito por meio do qual Freud afirma que nada acontece por acaso.

Agora, assinale a alternativa que indica sequência correta:

a) 1, 3, 4, 2, 5.
b) 2, 4, 3, 1, 5.
c) 3, 2, 4, 1, 5.
d) 4, 2, 1, 3, 5.
e) 5, 4, 3, 2, 1.

4. Assinale com V a(s) afirmativa(s) verdadeira(s) e com F a(s) falsa(s):

( ) O sujeito da psicanálise é o sujeito do inconsciente.

( ) Na segunda tópica, elaborada por Freud, a estrutura da personalidade é composta por ego, id e superego.

( ) Os estímulos ambientais são o fator mais importante para a psicanálise.
( ) Melanie Klein, Frederick Perls, Abraham Maslow, Carl Jung, Alfred Adler e Wilhelm Reich são teóricos da psicologia (personalidade) que foram influenciados por Freud e a psicanálise.
( ) O complexo de Édipo é um ponto central no desenvolvimento humano para a psicanálise e ocorre nos primeiros anos de desenvolvimento da criança.

Assinale a sequência correta:

a) V, V, V, V, V.
b) V, F, F, V, V.
c) F, V, V, V, F.
d) V, V, F, V, V.
e) F, F, V, F, V.

5. Assinale a alternativa **incorreta** no que diz respeito ao superego:
   a) O superego atua como um juiz ou censor sobre as atividades de pensamento do ego.
   b) É o depósito das leis e códigos morais, modelos de conduta e construtos que têm função de inibição.
   c) É amorfo, caótico e desorganizado.
   d) É o herdeiro do complexo de Édipo, o que indica que se forma mais tarde no desenvolvimento, isto é, após a vivência dessa fase, essa experiência pode ser reprimida (ou recalcada), fenômeno que faz surgir o superego com suas leis morais.
   e) Inibe ações, está em constante conflito com o id.

Atividades de aprendizagem

Questões para reflexão

1. De maneira resumida, podemos dizer que transferimos nossas vivências afetivas da infância para os relacionamentos que estabelecemos quando adultos. Por meio de sua atuação como analista, em 1912, em seu artigo "A dinâmica da transferência" (Freud, 1980a), Freud afirma que todo indivíduo, "através da ação combinada de sua disposição inata e das influências sofridas nos primeiros anos de sua vida, conseguiu formar um método específico próprio de se conduzir na vida erótica" (Freud, 1980a, p. 133), isto é, nas condições prévias que estabelece para e nos objetivos que determina a si mesmo no decurso de sua vida erótica. Isso produz, segundo Freud,

> o que se poderia descrever como um clichê estereotípico (ou vários deles), constantemente repetido; sempre reimpresso, no decorrer da vida da pessoa, na medida em que as circunstâncias externas e a natureza dos objetos amorosos a ela acessíveis permitam, e que dificilmente muda frente a experiências recentes. (Freud, 1980a, p. 133-134)

Freud (1980a) atesta, de acordo com seus estudos, que há impulsos eróticos não beneficiados pelo desenvolvimento psíquico. Somente um parcela dessas tendências está ligada à realidade e à personalidade consciente; a outra parcela aloja-se no inconsciente, gerando transferências na vida adulta. Você acredita que existe transferência na relação professor-aluno? Justifique sua resposta.

2. No livro *A interpretação dos sonhos*, considerado um dos trabalhos mais importantes de Freud –, o autor explica que os sonhos ajudam a psique a se proteger e a se satisfazer. A grande função do sonho é manutenção do sono, isto é, sonhamos para não acordar. Os sonhos são a satisfação de desejos, pois, durante esse processo, alcançamos uma realização alucinatória de desejos que estão recalcados, isto é, inconscientes. Os sonhos realizam os desejos de forma inócua, atendendo ao princípio do prazer. No processo analítico, isto é, no decorrer de uma análise, o sonho é uma importante fonte de acesso ao material inconsciente. Escreva qual é sua impressão sobre os sonhos, tendo como embasamento a psicanálise.

Atividade aplicada: prática

1. O inconsciente conta com material excluído, censurado ou reprimido da consciência. Esses elementos não são esquecidos; entretanto, não temos acesso a eles, e sua presença afeta a consciência indiretamente. Faça um breve texto, de aproximadamente 15 linhas, sintetizando ideias sobre o inconsciente.

3
Crianças e adolescentes: Pichon-Rivière e Winnicott

Neste capítulo, apresentaremos uma visão acerca do comportamento de crianças e adolescentes no momento atual. Embora em alguns momentos possa parecer que estamos dando mais ênfase à adolescência, convém destacarmos que os fenômenos descritos também são muitos comuns na infância. De todo modo, descreveremos a visão específica da psicanálise sobre a infância em capítulo posterior. Aqui discutiremos sobre a visão que a psicanálise tem sobre a adolescência – um construto (uma construção social) da modernidade que remete a um ser de passagem, isto é, a um sujeito que está passando de um estado (infantil) a outro (adulto).

A adolescência é um fenômeno que ocorre no âmbito familiar e refere-se a um processo de crescimento corporal e psicoafetivo, uma etapa de iniciação e passagem para a vida adulta. Em geral, como veremos, é uma fase de conflitos e de crise.

Na sequência, dois importantes autores para a psicopedagogia, que têm embasamento psicanalítico, serão trabalhados no presente capítulo: Enrique Pichon-Rivière e Donald Winnicott. Em sua proposta, Pichon-Rivière incluiu o trabalho com grupos de adolescentes. A aprendizagem, de acordo com o estudioso argentino-suíço, é focada nos processos grupais e coloca em evidência a possibilidade de uma nova elaboração de conhecimentos, integração e questionamentos acerca de si e dos outros. Winnicott, por sua vez, elegeu como foco de seus estudos os objetos transicionais e a relação mãe-lactente.

3.1
Crianças e adolescentes no momento atual

De acordo com pesquisa da Fundação Abrinq (2017), 29,6% da população do Brasil é composta por crianças e adolescentes entre 0 e 19 anos. Na faixa dos habitantes entre 0 e 14 anos, 23,1 milhões de pessoas estão entre os pobres e extremamente pobres. Esses dados, entre tantos outros que mostram uma grande desigualdade social em nosso país, apontam para a demanda de maiores investimentos em direitos básicos, como educação e saúde, para que o país tenha um bom futuro.

Embora as informações apresentadas possam mudar com o tempo, podemos fazer a seguinte dedução: se praticamente um terço da população brasileira está na faixa etária de desenvolvimento entre a infância e a adolescência no momento presente, então estamos diante de um fato importantíssimo, que exige investimento na construção do conhecimento sobre a infância e a adolescência, o que, por sua vez, exige um trabalho bem realizado por diversos profissionais (neurologistas, psicólogos, fonoaudiólogos, psicopedagogos) nessa área.

A infância e a adolescência nem sempre foram tratadas como são na atualidade. Esses dois estágios de desenvolvimento são uma construção histórica, não necessariamente linear, cujo valor varia histórica e culturalmente.

Heywood (2004) afirma que a história da infância anda por "caminhos tortuosos": da Idade Média ao início do século XX, a criança era considerada impura. O que mudou, com o decorrer da história e em virtude da necessidade de uma educação escolar estendida, foi um prolongamento da infância. De fato, no decorrer do período descrito, o interesse sobre a infância aumentou gradativamente, e a imagem que os adultos tinham dessa etapa tornou-se cada vez mais positiva. Porém, os debates a respeito do tema se davam em ciclos, sempre influenciados pela ambiguidade da impureza e da inocência, das características adquiridas e inatas, da dependência e da independência ou da caracterização entre meninos e meninas. Ainda segundo Heywood (2004), os pais tinham diferentes comportamentos diante da infância: a indiferença, a atitude invasiva daqueles que viam a criança como pecadora inata; a visão da infância como uma época inerentemente inocente; e a moderação. Heywood (2004) também ressalta a questão do trabalho no período citado: embora houvesse exemplos cruéis de exploração do trabalho infantil, grande parte do trabalho realizado por crianças era casual e de pouco esforço, relacionado ao mero auxílio aos adultos em seus afazeres. A substituição do trabalho pela escola, como maior ocupação da criança, concentrou-se no fim do século XIX e início do século XX, evento cuja origem remonta ao século XVII, mais precisamente nos países protestantes do norte europeu.

Pense a respeito

Na Idade Média, a infância se concluía no desmame da criança, entre 6 e 7 anos de idade. A partir de então, a vida da criança ocorria em paralelo à dos adultos: o trabalho e os ambientes de convivência eram os mesmos. Os únicos espaços de aprendizagem eram as salas de estudo livres, destinadas a todos aqueles que precisassem aprender a ler e escrever: crianças, jovens e adultos. Convém lembrarmos que a adolescência em si era uma ideia inexistente. Além disso, a pedagogia não levava em conta faixas etárias e classes sociais, que coabitavam normalmente os mesmos ambientes (Cortez, 2011).

No início do século XIX, as classes mais abastadas começaram a ver a infância como um estado natural e indubitavelmente genuíno e autêntico. No ambiente das famílias ricas, as crianças desse período deviam aprender comportamentos e atitudes condizentes com sua futura posição social. Só após a infância os indivíduos assumiam responsabilidades e, durante esse período, não estabeleciam conexões com o mundo do trabalho (ao contrário da infância dos filhos de operários) ou com a transição para a fase adulta. No debate social e público, as classes privilegiadas censuravam os operários e os camponeses pela forma livre e pouco controlada de criar seus filhos, bem como pelo fato de as crianças trabalharem ou perambularem pelas ruas. As crianças mais abastadas vivenciavam uma infância mais restrita e controlada pelas exigências do mundo adulto. Esse fato permite ilustrar que não há um único tipo de infância, isto é, a infância difere entre indivíduos da cidade e do campo; de uma classe social para outra.

Mollo-Bouvier (2005, p. 392) afirma que, em nossa sociedade, "os modos de vida das crianças pequenas são marcados pela transformação dos modos de vida de seus pais". Para percebermos a validade dessa afirmação, basta verificarmos alguns fatores: "generalização do trabalho das mulheres, urbanização e afastamento do domicílio em relação ao local de trabalho, aumento de precariedade econômica com o crescimento de desemprego, transformações na família" (Mollo-Bouvier, 2005, p. 392). Portanto, não foi só a visão de infância que mudou; também mudou a visão de família, como aponta Quadros (2009, p. 29):

> Não só a infância mudou, mas a família, neste início de século XXI, de acordo com a FESP-RJ (2007); na sociedade atual a família vem assumindo diversas configurações para além do núcleo pais/filhos. Tem-se, por exemplo: 1) A família ampliada (tios e/ou avós morando juntos); 2) A família de

homossexuais com filhos adotados; 3) As famílias comandadas só por mulheres ou só por homens; 4) As famílias que convivem meio-irmãos [sic] (filhos só do pai ou só da mãe); 5) As famílias de padrastos de pais vivos (o segundo marido ou a segunda mulher vivendo com os filhos da relação anterior do cônjuge); e assim por diante numa relação que pode chegar a mais de trinta tipos. Essa diversificação do núcleo familiar, sobretudo depois que a mulher deixou o lar e foi para o mercado de trabalho, gerou uma participação maior dos professores na educação não escolar do estudante, em que ele substitui os pais em determinadas tarefas. Tal exigência levou os professores da atualidade a uma queixa geral de sobrecarga de trabalho.

Além das mudanças anteriormente citadas, é preciso levar em consideração que, nos tempos atuais, como explica Salles (2005), a identidade da criança está calcada na pluralidade e no excesso de informações, bem como na larga oferta de bens culturais, de lazer e de consumo, assim como na realidade e no prazer imediatos. Nesse contexto, criança é uma dependente, isenta de responsabilidades de ordem jurídica, política e emocional. Além disso, na contemporaneidade, há uma tendência de equalizar as relações entre adultos, crianças e adolescentes, fruto de uma tentativa de desconstrução do adultocentrismo (o adulto como centro) da sociedade e do processo de prolongamento da adolescência.

Segundo pesquisas, ainda de acordo com Salles (2005), o ambiente familiar é eminentemente caracterizado pelo diálogo, pela participação, pela igualdade, pela afeição e pela compreensão. Esse espaço possibilita que os filhos fiquem mais tempo, e até mesmo morem por mais tempo, com os pais. Outrossim, com um acesso quase irrestrito à informação graças às diferentes mídias hoje existentes, as crianças conhecem conteúdos relacionados a sexo, violência, entre outros temas, de forma mais precoce; o que era muito comum, como vimos anteriormente, na Idade Média. Entretanto, a infância está sendo construída em contraposição à visão de que adultos detinham a informação e escolhiam o que era ou não conveniente para seus filhos. Por isso, a criança se vê às voltas de um mundo em que ela tem maior liberdade e autonomia, enquanto a autoridade e o controle paternos são menores. Por isso, métodos autoritários e diretivos de educação são severamente criticados, e a imaturidade e dependências de crianças e jovens vêm se tornando temas de delicada abordagem. Assim, como afirma Salles (2005), a juventude é alvo de grande exaltação, fenômeno que influencia inclusive os mais velhos, que desejam ser jovens. Nessa dinâmica, é esperado que as relações entre pais e filhos sejam transformadas, com a perda paterna de autoridade, com pais e mães que se questionam constantemente sobre sua conduta, ao passo que a criança, o adolescente e o jovem exigem cada vez mais direitos e rejeitam cada vez mais seus deveres. Confusos quanto às suas práticas educativas, pais e mães já não sabem mais distinguir o certo e o errado e se devem ou não impor disciplina aos filhos.

Para Salles (2005), a juventude se tornou o novo paradigma para adultos e crianças, que incentiva os pais a se isentarem de sua figura de autoridade e a escamotearem sua idade. Nessa dinâmica, o lema é "meus filhos são meus amigos". Nesse contexto, a família gira em torno da igualdade entre seus membros e do respeito às especificidades de cada integrante familiar. As desavenças são evitadas a todo custo, no intento de tornar o ambiente cada vez mais livres de penas, em que o certo e o errado são relativizados em nome das relações humanas e a amizade ganha uma aura de nova religião.

Como você pode perceber, estamos num mundo que possa por constantes mudanças, sendo uma delas a elevação do consumo de bens a um patamar muito alto. O consumo é outro fator equalizador na relação entre a criança, o jovem e o adulto; essa cultura pressupõe que a felicidade é medida pela quantidade de objetos que se ganha; os bens adquiridos possibilitam projeções do eu e transmitem um rótulo definidor de posição social. A esse respeito, Quadros (2009, p. 34) afirma:

> As coisas e objetos que se possui demarcam relações sociais, definem estilo pessoal, hierarquizam e discriminam grupos. Mesmo que o consumo seja restrito, pois depende da condição social, o referencial é o mesmo. A diferença está no que se consome que varia de acordo com os diferentes grupos sociais.

Mesmo nas classes mais baixas, consomem-se marcas e produtos impostos pela mídia, muitas vezes mediante compras no crediário e o comprometimento perigoso da renda, pois a proposta pós-moderna é **valorizar o ser em relação ao que ele consome.**

A habilidade com que a criança opera as "eternamente novas" (Pereira, 2002, p. 86) tecnologias audiovisuais aumenta sua autonomia em relação ao adulto, pois ela se torna, para os adultos, a ponte para essas inovações; daí a contradição: a tecnologia é criada pelo adulto, mas ao mesmo tempo se torna uma estranha para ele. "O que podemos esperar de uma geração condenada a buscar suas próprias respostas? Em que lugares encontrar essas respostas?" (Pereira, 2002, p. 86). São essas as grandes perguntas do tempo presente com relação às crianças. Muitos pais observam a destreza de seus filhos no uso, desde muito pequenos, de aparelhos celulares, *tablets*, jogos eletrônicos (*games*), internet, assim como a revolta que demonstram quando os objetos eletrônicos de comunicação lhes são tomados. Nada mais normal que esses objetos se tornarem moeda de troca com os filhos pequenos.

3.2
A adolescência para a psicanálise[1]

Nesta seção, descreveremos a leitura que a psicanálise faz especificamente da adolescência. Como mencionamos anteriormente, esta obra conta com um capítulo dedicado à visão psicanalítica sobre as crianças e suas principais etapas de desenvolvimento: oral, anal e fálica (complexo de Édipo).

A adolescência é uma etapa do desenvolvimento físico, orgânico e psicoafetivo, de iniciação e passagem para a vida adulta. Em geral, é uma fase de conflitos e crise, como afirma Mello (2002, citado por Quadros, 2009, p. 53),

> consciente ou não, assumida ou negada pelo adolescente. Geralmente negada: para o adolescente a crise é projetada

─────
1 Esta seção foi elaborada com base em Quadros (2009).

na família, no mundo ao seu redor, na escola, na sociedade, nos colegas, no sexo oposto. A crise da adolescência é resultado de um movimento interno de independência, autonomia, libertação e autodeterminação, necessário para o ingresso na vida adulta.

De acordo com Quadros (2009), esse caminhar para a maturidade caracteriza-se por uma dinâmica dialética. O adolescente opõe-se à tese calcada no papel que inicialmente lhe é dado pela família e pela sociedade, negando-a ou rejeitando-a, o que implica a geração de uma antítese.

Pense a respeito

O filósofo alemão Georg Wilhelm Friedrich Hegel mostra o funcionamento dialético, que, como veremos mais adiante, é também usado por Pichón-Rivière. Conforme Silva e Nogueira (2009, p. 7-8),

> A tese é uma afirmação ou situação inicialmente dada. A antítese é uma oposição à tese. Do conflito entre tese e antítese surge a síntese, que é uma situação nova que carrega dentro de si elementos resultantes desse embate. A síntese, então, torna-se uma nova tese, que contrasta com uma nova antítese gerando uma nova síntese, em um processo em cadeia infinito.

> Exemplo: tese – existe corrupção na política; uma antítese possível – votar em políticos diferentes; uma síntese – diminuição ou extinção da corrupção.

A adolescência é um estágio dramático, explica Teles (2001). O indivíduo nessa etapa transita entre a conquista da independência e a demanda por um entorno seguro. Nada mais natural que o apoio entre seus pares de idade semelhante. Esse indivíduo, com um pé na infância e outro na vida adulta, desprovido de um lugar definido na sociedade, é assolado por uma carga emocional intensíssima, às voltas com seus anseios por pertencimento, sucesso em uma vida profissional ainda inexistente, êxito na vida sexual, entre outros desafios.

De forma geral, o fim da adolescência se dá quando o jovem está apto a romper os vínculos emocionais e financeiros com sua família. Como o ingresso do adolescente no contexto do trabalho é dificultado pela variedade de funções socioeconômicas disponibilizada em nossa sociedade, a demora para a conquista da autonomia por parte do jovem é muito maior, o que é contraditório em relação às expectativas da sociedade, fenômeno que por si só gera mais ambiguidade, o que se reflete no conflito dos adultos diante dessa realidade (Muller, 1988).

No período da adolescência, espera-se do jovem a realização de certas iniciativas, como a definição de seu lugar na sociedade e de seu futuro nela, do exercício de sua sexualidade e corporeidade, de seu espaço no mercado de trabalho. Essas demandas muitas vezes vêm acompanhadas de muito esforço para descobrir tanto o que se quer quanto o que não se quer, o que exige aceitação/renúncia ou desprendimento do adolescente.

Giram em torno dessas transformações a identidade, o trabalho e o estudo, como afirma Muller (1988). É necessário que o jovem consiga construir para si, com base em referências externas à de seu núcleo familiar, uma perspectiva por meio da qual interprete o mundo. Esse processo precisa ser balizado por seus próprios pensamentos, e não por interferências impositivas externas. Em paralelo, o adolescente absorve os valores da sociedade e da família por meio do inconsciente. Esses elementos o ajudarão a se defender e a construir sua personalidade, bem como a conceber sua própria trajetória de vida. Como afirmamos anteriormente, a adolescência pressupõe a perda de certos papéis e certezas: perde-se o corpo da infância, bem como a clareza do lugar no mundo. Com essas frustrações, surge a necessidade do ingresso do jovem na vida adulta, para a qual ele normalmente não é preparado.

Ainda de acordo com Muller (1988), o adolescente precisa enfrentar **lutos** por suas principais perdas, que são:

- do corpo infantil;
- do papel e da identidade de criança;
- da relação infantil com os pais.

O adolescente enfrenta conflitos subjetivos ou internos, segundo Tanis (2009), bem como tem de dar conta de suas pulsões, além da permanente demanda do mundo externo e da complexidade emocional para a qual ainda não tem repertório mental. Tanis (2009, p. 40) explica que, como consequência dessa configuração subjetiva,

> o adolescente desenvolve defesas específicas para aliviar seu peso emocional. Estas modalidades defensivas não são necessariamente patológicas quando intrínsecas ao próprio período de crescimento, mas podem adquirir este caráter quando o

adolescente se vê impedido de elaborar angústias e fantasias inerentes a esse momento ou por ocasião de experiências de natureza traumática.

O fato de aceitar ou rejeitar seu corpo faz com que o jovem seja acometido por sentimentos como superestima e narcisismo, no primeiro caso, ou menosprezo, timidez e insegurança, na segunda hipótese. Portanto, em razão dessa angústia causada pela noção da passagem do tempo, o adolescente pode passar pelo processo de despersonalização – sentimento de que não mais se conhece, de que ele é estranho para si mesmo – e hipocondria – grande aversão à morte e às doenças. Em outra hipótese, o adolescente poderá desenvolver fantasias fundamentadas na imortalidade e na onipotência. Em algumas situações, a religião acaba se caracterizando como uma proteção contra todas essas dúvidas e angústias (Muller, 1988).

Na infância, as crianças (meninos e meninas) não precisam se preocupar com o que se espera delas, pois elas têm perfeita noção disso. Já na adolescência, as demandas relacionadas à inserção na sociedade e a identificação de si mesmo geram um conflito que faz com que o jovem se sinta perdido, com a infância muito além de seu alcance. A dinâmica da infância – cercada de brincadeiras, aprendizagem, obediência e dependência – já não faz mais sentido, pois o adolescente vê à sua frente um horizonte de novas responsabilidades. Os novos desafios aos quais o jovem está exposto não pressupõem respostas simples. Essas respostas são caracterizadas por ambiguidade, incertezas e só podem ser encontradas pelos próprios jovens; afinal, temas como sexo, estudos e ocupação profissional, bem como os problemas relacionados a esses itens, podem ser vistos por múltiplas perspectivas. Em alguns casos, toda essa transição passa por falhas, e o adolescente começa a desenvolver alguns traços maníacos: não aceita o fato de que está crescendo ou, ao contrário, deseja "ser grande de repente", passando por cima da infância deixada para trás e da dor dessa mudança (Muller, 1988).

Em todo esse movimento, os pais também passam por uma espécie de luto, pois a imagem que os filhos têm de seus pais na infância é desconstruída na adolescência – todos os equívocos e defeitos são expostos, o que normalmente gera profundos conflitos entre pais e filhos. A visão de autoridade, capacidade e segurança que a criança alimenta dá lugar a uma perspectiva profundamente avaliadora e crítica. Nessa transição, os pais precisam aceitar a passagem do tempo para si e, ao mesmo tempo, para o filho adolescente, bem como entender que a mudança pela qual o jovem passa pressupõe várias revisões de valores e estruturas. Esse é um novo estágio de relacionamento entre pais e filhos, no qual os primeiros têm sua liderança diminuída (Muller, 1988).

Por fim, podemos afirmar que muitos aspectos relacionados à adolescência devem ser pensados na atualidade, tais como a primeira relação sexual – um "fantasma" que persegue os jovens até que o ato finalmente ocorra –; a gravidez indesejada, que leva muitas jovens a relegar a criação do filho para terceiros (tais como os avós); o *bullying* atualmente presente em muitas escolas, ambiente também caracterizado pela existência de outras formas de violência, em geral envolvendo adolescentes e seus grupos, o uso de drogas e suas implicações. Há ainda um problema bastante atual que merece a reflexão de estudiosos da educação e da psicanálise: a geração "nem-nem", que nem estuda, nem trabalha.

Nas seções a seguir, trataremos de alguns teóricos que criaram propostas de trabalho com adolescentes.

3.3
Pichon-Rivière

Em sua proposta de trabalho com grupos operativos, Pichon-Rivière incluiu grupos de adolescentes. Bastos (2010, p. 161) afirma que a aprendizagem em Pichon-Rivière, focalizada nos processos grupais, "coloca em evidência a possibilidade de uma nova elaboração de conhecimentos, de integração e de questionamentos acerca de si e dos outros". Nesse sentido, a metodologia desenvolvida por Pichon-Rivière, em seu trabalho com grupos operativos, é muito utilizada com adolescentes, como no caso do trabalho com conflitos específicos da idade, identidade de gênero, drogadição, dificuldades de aprendizagem, elaboração de situações de agressividade no âmbito do lar, além do trabalho com grupos de pais e familiares de crianças e adolescentes.

Vejamos primeiramente um pouco da história de Enrique Pichon-Rivière: suíço, nasceu em Genebra no começo do século XX, em 25 de junho de 1907. Conforme Adamson (2018), imigrou para a Argentina com sua família em 1910, com três anos. Entretanto,

> não se conhecem as causas da imigração desta família composta por Alfonso Pichon e Josefina de la Rivière e mais cinco

filhos. As razões da imigração familiar costumam ser atribuídas a estórias que constituem o mistério da família Pichon Rivière, mas coincide com um momento histórico em que o governo argentino fomentava a imigração de europeus para o país, dando-lhes todo tipo de facilidades, inclusive outorgando-lhes terras, como ocorreu no caso da família Pichon Rivière: o Estado lhes outorgou terras no Chaco, zona de bosques e tropical, apta para o desenvolvimento do algodão.

O fato é que o pequeno Enrique se encontra com o desafio de pertencer a uma família culta, característica da racionalidade francesa, proveniente da burguesia do sul da França. Seus pais eram progressistas, promulgavam ideias socialistas e eram admiradores dos poetas malditos de sua época (Rimbaud e Baudelaire). Esta família vive em um contexto selvagem de cultura guarani, com uma forte marca mágico-animista, como toda cultura crioula latino-americana. (Adamson, 2018, p. 1)

Adamson (2018, p. 2) explica que, anos mais tarde, já cursando Medicina, o estudioso aliou seus conhecimentos a modernas concepções sobre o psicossomático. Em seus estudos, tratou dos desafios da psiquiatria dinâmica: instando seus pares a trabalhar em ambientes hospitalares e em institutos de tratamento mental, bem como a estudar e trabalhar com a psicose. No ano de 1926, mudou-se para Buenos Aires, envolvendo-se no movimento intelectual do período.

Pichon-Rivière iniciou sua prática psiquiátrica no Asilo de Torres. Uma de suas primeiras tarefas foi organizar uma equipe de futebol; investigando os pacientes, o médico descobriu que 60% deles tinham problemas que não estavam ligados a lesões orgânicas, mas a questões afetivas. Para o estudioso, por trás de toda conduta desviada subjaz uma situação de conflito, sendo a enfermidade a expressão de uma tentativa falida de se adaptar ao meio. Moretto e Terzis (2012, p. 50-51) esclarecem a visão de Pichon-Rivière sobre o indivíduo:

> O autor desenvolve uma concepção de homem, integrando permanentemente a investigação psicanalítica com a investigação social, e concebe o indivíduo como uma totalidade composta por mente, corpo e mundo exterior, as quais são integradas dialeticamente. Sua teoria tem a característica de considerar o homem como uma resultante do interjogo estabelecido entre o indivíduo e os objetos internos e externos, em uma relação de interação dialética, a qual se expressa através de certas condutas. Concordamos com o autor quando afirma ser impossível conceber uma interpretação do ser humano sem levar em conta seu contexto e sua influência na constituição de diferentes papéis que o homem assume ao longo da vida.
>
> Marcando a importância das relações interpessoais na constituição do sujeito, Pichon considera que a necessidade de comunicação do homem é o que ele tem de mais primitivo e imperioso, necessidade expressada tanto no sentido da comunicação como na dificuldade para alcançá-la.

O grande desenvolvimento teórico e prático alcançado por Pichon-Rivière foi a elaboração sobre grupos operativos. O grupo operativo, como uma técnica de trabalho, tem como meta principal, segundo Abduch (1999), o ato de realizar um processo de aprendizagem econômico que pressupõe uma visão da realidade calcada na crítica, o que possibilita uma apropriação desse entorno fundamentada no mesmo critério. Essa técnica procura instilar uma atitude investigadora no indivíduo, na qual cada resposta obtida se transforma em um novo questionamento (portanto, num processo dialético). Assim, aprender, na teoria pichoneana, é sinônimo de mudança. Como as mudanças geralmente assustam a maioria das pessoas, o processo de aprendizagem nem sempre é tranquilo.

A tarefa é o recurso utilizado por um grupo para a realização de suas metas. Nesse caso, o grupo operativo é econômico, na visão de Pichon-Rivière, quando despende apenas a energia necessária e suficiente para a criação e consolidação do projeto, o que faz dessa equipe um grupo maduro, posto que se foca na tarefa.

Como afirmamos anteriormente, com base em Abduch (1999), a aprendizagem de um grupo operativo, na perspectiva de Pichon-Rivière, é fundamentada na mudança. Nesse processo, dois medos básicos são ativados: o da perda e o do ataque. O primeiro se refere ao temor de perder o que foi previamente consolidado, o conhecimento já adquirido. O segundo se refere à incerteza que o indivíduo pode ter diante de uma situação desconhecida, mais precisamente se será capaz de suprir as expectativas relacionadas a um evento que ainda não ocorreu.

Importante!

Todos os seres humanos contam com um mecanismo automático de resposta a algum perigo, o qual podemos chamar de *medo*, que se manifesta geralmente quando nos defrontamos com algo novo ou desconhecido. Em geral, o medo acontece quando surge uma situação inesperada, que gera ansiedade. Quando o medo é exagerado, chamamos *fobia*. Quiles (2001) define *neurose fóbica* como a angústia associada a pessoas, coisas e situações que se tornam objeto de terror muitas vezes paralisante, levando eventualmente a medidas de defesa contra o aparecimento do objeto fóbico. As principais fobias estão ligadas ao espaço – fobia de espaços fechados e pequenos (claustrofobia); de se encontrar sozinho em grandes espaços públicos (agorafobia); de grandes alturas (acrofobia); de escuridão (nictofobia). Além destas, existem as fobias de natureza social (por exemplo, medo de falar em público), as zoofobias (medo de baratas, ratos, cobras etc.) e as relacionadas à saúde (medo de vir a ter doenças, que às vezes leva a um cuidado extremo com limpeza, alimentação etc.). A síndrome do pânico, por sua vez, não é desencadeada por um medo específico e, em geral, leva a reações orgânicas – taquicardia, falta de ar e sensação de morte. Uma questão interessante aqui é pensar que existe uma formula básica – medo igual a desejo –, o que nos leva a pensar que aquilo que mais tememos seja talvez o que mais desejamos.

De acordo com Abduch (1999, p. 217), o grupo operativo

> é constituído pelos seus integrantes, em um número máximo de até quinze. Um coordenador e um observador, que têm papéis assimétricos em relação aos integrantes. Uma temática é proposta como disparador da tarefa. Temática essa, relacionada aos interesses e necessidades dos participantes. Os integrantes afiliam-se a um grupo por algum nível de identificação com os objetivos propostos. Sobre essa temática o grupo deve

interagir. Nessa interação, trazem seus conteúdos racionais e emocionais, podendo dessa forma integrar diferenças, ajustar conceitos e explicitar fantasias. Esse movimento dialético, mundo interno-mundo externo, promove uma coerência, um alinhamento do sentir, pensar e agir (coração, cabeça e mãos)

Trata-se, pois, de um excelente instrumento de trabalho – os grupos operativos evidenciam a maturidade dos grupos à medida que se centram na tarefa específica que o coordenador do grupo propõe.

3.3.1
Avaliação dos processos grupais

Como já citamos, a técnica do grupo operativo tem grande utilidade para a psicologia social aplicada à aprendizagem e à mudança decorrente, inclusive no trabalho com adolescentes. Esse grupo não tem um foco exclusivamente individual ou grupal e não tem a terapia como um de seus alvos, ao menos em seu aspecto mais específico, embora possibilite correções de inserção social por parte da pessoa (Abduch, 1999).

Um dos aspectos mais importantes da avaliação da operatividade de um grupo é a aprendizagem que se constrói fundamentada em informações, em saltos de qualidade que permitem ao indivíduo construir uma visão dialética da realidade. Em outras palavras, possibilita-se ao sujeito reconhecer as fragmentações e as integrações, processos que ocorrem à medida que o grupo se desenvolve, sendo que alguns aspectos psicológicos do sujeito participante se fragmentam para em seguida serem integrados em sua percepção. Estão implicadas a criatividade, a elaboração de ansiedades e uma adaptação ativa à realidade. Nessa dinâmica, a avaliação da operatividade acontece à medida que o líder grupal percebe que o grupo centra-se mais na tarefa proposta do que em processos defensivos (Abduch, 1999).

Pichon-Rivière (2009) trabalhou também com grupos familiares. Sobre essa dinâmica, o médico francês afirma:

> Na família, o doente é, fundamentalmente, o porta-voz das ansiedades do grupo. Como integrante dela, desempenha um papel específico: é o depositário das tensões e conflitos grupais. Torna-se o portador dos aspectos patológicos da situação nesse processo interacional de adjudicação e assunção de papéis, que compromete tanto o sujeito depositário quanto os depositantes. (Pichon-Riviére, 2009, p. 51)

No trabalho com grupos familiares (vistos como grupos operativos), Pichon-Rivière (2009) descreve ser muito comum que, depois de iniciada a terapia e após algumas sessões, surja determinado embate que, apesar de ser de conhecimento da família, era ocultado. Essa dificuldade escamoteada, escondida gera uma cumplicidade implícita entre os familiares, convertendo-se no que poderíamos chamar de *mistério familiar*, fator que gera ansiedade. Esta, por sua vez, impede a comunicação. Essa dinâmica acaba gerando um silêncio que se estende a toda a família, pois ela vê o esclarecimento como algo negativo. Assim que o trabalho com o grupo familiar passa a ser realizado e os conteúdos não ditos são revelados, a família se reestrutura e cura sua ansiedade.

3.4
Winnicott: infância e adolescência

Nesta seção, abordaremos o pensamento de outro grande teórico que muito contribuiu para a psicopedagogia: Donald W. Winnicott, nascido em Plymouth, na Grã-Bretanha, em 7 de abril de 1896, e falecido em Londres, em 25 de janeiro de 1971. Winnicott cursou Biologia e, em seguida, Medicina em Cambridge. Seu interesse pela psicanálise se deu a partir de 1930. De 1923 a 1963, chefiou a divisão clínica no Paddington Green Hospital for Children, setor em que trabalhou com milhares de crianças e bebês. Foi eleito duas vezes para a presidência da Sociedade Britânica de Psicanálise (Figueira, 1996).

Ainda segundo Figueira (1996), a importância da figura de Winnicott era uma unanimidade entre seus pares, caraterística que lhe rendia a confiança de colegas e pacientes. A relação mãe-lactente foi o foco de suas análises, pelo fato de o estudioso considerá-la uma unidade inextricável. Legou várias obras às áreas da psicanálise, da psicologia e da pediatria, contando com 16 livros publicados em português.

No que diz respeito ao processo de amadurecimento para Winnicott (cuja síntese apresentamos no Quadro 3.1), ele tem início em algum momento após a concepção e continua ao longo da vida do indivíduo até sua morte natural, incluindo estágios ou etapas.

Quadro 3.1 – Principais fases de amadurecimento para Winnicott

Idade	Estágio
0 a 4 meses	Solidão essencial, experiência do nascimento e da primeira mamada – estágios nos quais se constituem as bases da existência, os alicerces da personalidade e da saúde psíquica.
4 meses a 1 ano e meio	Estágio de dependência relativa.
4 meses a 1 ano e meio	Estágio de desilusão e início dos processos mentais; (separação do estado de unidade mãe-bebê).
4 meses a 1 ano e meio	Estágio da transicionalidade (forma intermediária de realidade, entre o subjetivo e o que é objetivamente percebido).
4 meses a 1 ano e meio	Estágio do EU SOU (constituição de um eu como identidade, separado do não eu, que reconhece o mundo externo e interno).
1 ano e meio a 2 anos e meio	Estágio de concernimento (refere-se à capacidade de se preocupar).
3 a 6 anos	Estado edípico (envolve a relação triangular pai-mãe-filho, que sucederá todas as demais relações ao longo da vida).
7-8 anos a 12 anos	Estágio de latência (as vivências anteriores ficam arrefecidas).
12 anos a 18 anos	Adolescência.
18 anos em diante	Vida adulta.
Velhice	Maturidade.
Morte	

Fonte: Elaborado com base em Oliveira, 2009, p. 42-43.

De acordo com Oliveira (2009), o amadurecimento é uma trajetória que se inicia com nível absoluto de dependência, transitando para uma dependência relativa e culminando com a independência também relativa. Nessa dinâmica, os elementos relacionados ao entorno da criança devem ser adequados ao seu desenvolvimento, do contrário, a chamada *linha da vida* é rompida, o que impede que as tendências herdadas levem a criança à plenitude pessoal. A manutenção da linha de vida, que começa no nascimento, é dever fundamental dos responsáveis pela criança. Entre as ameaças ao desenvolvimento da criança está justamente a fragmentação dessa linha. Esse fenômeno infelizmente ainda é verificável com frequência, principalmente em famílias assoladas por problemas como alcoolismo, violência de várias naturezas, abusos e instabilidade emocional entre os pais (Oliveira, 2009). Nesses casos, é muito comum que a criança não confie no ambiente que a cerca, não se sinta devidamente protegida, o que muitas vezes faz com que seja acometida de uma sensação de despedaçamento, de estar profundamente sozinha.

Obviamente, um ambiente protetor e adequado para a criança corresponde a uma "mãe suficientemente boa", "capaz de reconhecer e atender às necessidades do seu bebê, através de uma intensa identificação com ele, permitindo-lhe saber qual é a necessidade que está sendo solicitada" (Oliveira, 2009, p. 45). Portanto, a mãe poderá ser considerada como tal quando estiver sensível e atenta às demandas da criança, procurando satisfazê-las precisamente, entendendo que suas próprias necessidades devem ficar em segundo plano (Dias, citada por Oliveira, 2009).

Cada pessoa tem um nível de capacidade para se integrar e amadurecer, condicionado fundamentalmente pelas provisões do entorno. "Amadurecer significa unificar-se e constituir um eu, e chegar a uma autonomia relativa, adaptar-se ao mundo, sem perder a espontaneidade natural" (Oliveira, 2009, p. 45). Para a manutenção da saúde do indivíduo, essa realização é fundamental. Caso esse processo não se dê a contento, há uma grande possibilidade de desenvolvimento de distúrbios psíquicos, estando entre os mais graves a esquizofrenia.

Com relação ao início da vida, Nasio (1995, citado por Silva, 2018) afirma que a dependência

> é vista como "absoluta" porque não há chances de sobreviver sem os cuidados do ambiente (mãe). Há uma total dependência. O bebê depende totalmente, mas o interessante é que ele desconhece esse estado de dependência, pois entende que ele e o meio são uma coisa só. É nesse momento que a mãe age, para o atendimento às necessidades do bebê.

Ainda de acordo Nasio (1995, citado por Silva, 2018, grifo do original), a mãe exercerá três funções maternas simultaneamente:

> **Apresentação do Objeto** – É a função de apresentação do seio ou da mamadeira. Em razão de seu estado vital a criança passa a "esperar" algo, e esse algo surge e ele, naturalmente, aceita o objeto oferecido. É nesse momento que o bebê tem a ilusão de ter "criado" esse objeto para a sua satisfação. Ele estava quase imaginando-o quando o objeto surgiu. É com esta "ilusão" que o bebê tem uma experiência de onipotência. Ou seja, é como se o objeto adquirisse existência real quando desejado e esperado. À medida que a mãe vai sempre estando à sua disposição esta ilusão vai sendo reforçada e, ao mesmo tempo, protegendo-o de fontes de angústia que seriam insuportáveis.

Holding – Trata-se de uma função de "sustentação", ou seja, a mãe instaura uma rotina (repetitiva) de cuidados cotidianos que vão sustentar, não somente corporal, mas psiquicamente, a criança. Desse modo, a realidade externa, para o bebê é muito simplificada e permite que ele crie pontos de referência simples e estáveis, facilitando sua integração no tempo e no espaço.

Handling – Trata-se da função de "manipulação" do bebê enquanto ele é cuidado. É uma função que harmoniza a vida psíquica com o corpo, e que Winnicott chama de "personalização".

Portanto, para Nasio (1995), a mãe que desempenha essas atribuições satisfatoriamente é tida como a "mãe suficientemente boa", ou seja, aquela que age de forma suficientemente adequada de modo que sua interação com a criança não cause prejuízos psíquicos. Nesse caso, a mãe incorpora o ambiente apropriado para que o pequeno exercite sua capacidade inata para desenvolver-se e continuar a vida, num processo que fará surgir o verdadeiro *self*.

Outro conceito central na teoria winnicottiana é a dos **objetos e fenômenos transicionais**. No que diz respeito a esse tema, o foco de interesse de Winnicott se concentrou na utilização do objeto, bem como "nos modos de ser e relacionar-se" (Oliveira, 2009, p. 63). Para Oliveira (2009, p. 63), "de acordo com a obra winnicottiana, os fenômenos transicionais são fundamentais para o amadurecimento humano e inauguram uma das etapas e conquistas de um novo sentido de realidade, instalando-se futuramente uma área específica de experiência". O êxito nesse período de desenvolvimento tem de ser conduzido por experiências positivas nos períodos anteriores, posto que a transicionalidade está calcada no mundo subjetivo do bebê. Trata-se de uma "área intermediária" de vivências, considerada por Winnicott como "a terceira área do ser humano, que vem se agregar ao interno e ao externo" (Oliveira, 2009, p. 63).

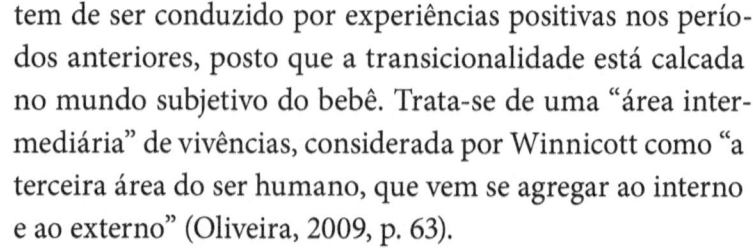

Em sua dissertação, intitulada *Contribuições para o estudo da adolescência sob a ótica de Winnicott para a educação*, Oliveira (2009) discute com o conceito de adolescência proposto pelo estudioso. Para o psicanalista inglês, a adolescência é uma etapa do desenvolvimento caracterizada pela recuperação de uma reflexão identitária; em outras palavras, o adolescente retoma a seguinte pergunta: Quem sou eu? Nesse processo, ocorre a seguinte dinâmica:

> Todos os estágios iniciais são retomados, mas **acrescidos de um poder instinual (força física e sexual), que não existiam anteriormente, juntamente com a astúcia, arrogância, hostilidade, mentira, ironias e a necessidade de confronto com a sociedade**. Dias diz: "O que aponta para o fato de que o adolescente repete os padrões dos estágios primitivos é que ele padece do sentimento de irrealidade, e sua principal luta diz respeito a sentir-se real" (Dias, 2003, p. 293). (Oliveira, 2009, p. 95, grifo nosso)

Todo esse embate, de acordo com Oliveira (2009), faz com que o jovem tenha vivências e atitudes cujas justificativas e motivações ele mesmo desconhece. Winnicottt (citado por Oliveira, 2009, p. 95), em "Deduções a partir de uma entrevista psicoterapêutica com uma adolescente", artigo incluído na obra *Explorações psicanalíticas*, assim define a adolescência: "o estágio de tornar-se adulto através do crescimento emocional [...] Abrange um período de tempo durante o qual o indivíduo é um agente passivo dos processos de crescimento, [...] à época em que não existe solução imediata para qualquer problema". Nesse processo, o indivíduo anseia pelo sentimento de pertença a um lugar e a determinado grupo. Portanto, sua essência e suas ações estarão harmonizadas com um espaço cultural, grupos de amigos ou pensamentos afins.

O entorno tem papel fundamental nesse período do desenvolvimento para a continuidade da existência, por exemplo, por meio das referências culturais transmitidas de pais para filhos. Os problemas pelos quais os adolescentes passam muitas vezes advêm de ambientes ruins. Para Winnicott, o adolescente é "um ser isolado [...] e todo relacionamento entre pessoas, toda sociabilidade, tem como ponto de partida o isolamento" (Winnicott, citado por Oliveira, 2009, p. 96). O indivíduo que não tem um início de vida significativo traz dentro de si uma potencial desintegração, haja vista que o período em que se encontra é extremamente desafiador do ponto de vista psicológico. Para aqueles que contam com um ambiente construtivo e confiável, o tempo será o melhor agente para muitos eventos e percalços. Oliveira (2009) ressalta que as primeiras vivências são a base para a formação da vida psíquica do ser humano: "Se os cuidados iniciais tiveram muitas falhas, falta de amparo e de sustentação física, agora, na adolescência, estas fases iniciais são retomadas, mas com buracos, vazios, favorecendo o aparecimento de distúrbios psicológicos mais intensos, devido à falta de integração anterior" (Oliveira, 2009, p. 96). Se na base, isto é, no início tudo correu bem, "a família precisa estar pronta para esta nova jornada de busca de identidade e de si mesmo, permanecendo presente, atuante e demonstrando amparo e confiança ao filho" (Oliveira, 2009, p. 96).

3.4.1
A clínica de Winnicott

Winnicott era extremamente observador e sensível, conforme Forlenza Neto (2008). Além de abrir todo um novo horizonte para a atividade clínica com seu trabalho, o psicanalista desenvolveu estudos sobre o tema *amadurecimento pessoal*; em sua teorização, o médico respeitou a criança em desenvolvimento e suas especificidades. A teoria, em primeira análise utilizada na abordagem de crianças em geral, tem na prática clínica o esteio para apurar suas aplicações.

Com relação à clínica, Forlenza Neto (2008) explica:

> Winnicott, de certo modo, manteve a conceituação de transferência como aplicável aos pacientes que, em seu amadurecimento, já haviam atingido o estado de integração, já habitavam o próprio corpo, tinham um limite separando o eu do não eu e já podiam se relacionar como pessoas totais com outras pessoas totais; neles já se constituía um consciente e um inconsciente dinâmico, com a censura e a repressão. Nesses pacientes, o passado recalcado viria ao presente na relação analítica. Entretanto, no grupo que não atingiu esse estado evolutivo, não se pode falar de transferência, mas de "viver pela primeira vez", na relação analítica, os cuidados ambientais adequados – o passado não vem ao presente; o presente deve ser o passado que não aconteceu. Isto se

dá quando ocorre o fenômeno da regressão à dependência absoluta. (Forlenza Neto, 2008, p. 82)

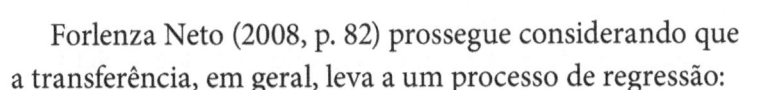

Forlenza Neto (2008, p. 82) prossegue considerando que a transferência, em geral, leva a um processo de regressão:

> Uma vez regredido à dependência, o paciente pode reagir às falhas do analista, frequentemente com ataques verbais violentos, por vezes desproporcionais às falhas. Assim, pela primeira vez, pode se queixar do ambiente falho, pois, até aqui, o não reconhecimento da exterioridade dos cuidados fazia com que ele sentisse as falhas ambientais como fracassos de si mesmo. Ferenczi já preconizava que o analista reconhecesse seus erros sem enveredar pela desculpa de incurabilidade do paciente ou de resistências por ele opostas à análise e no da regressão à dependência absoluta.

No livro *O brincar e a realidade*, Winnicott (1975) propõe o **método de inserir o brincar e o uso de objetos transicionais no tratamento terapêutico psicanalítico**. De acordo com o autor, através do brincar, as crianças trazem à tona seus sentimentos negativos e suas vontades; além disso, a ludicidade possibilita que os pequenos elaborem formas de contornar suas inquietudes e explorar a realidade à sua volta. Quando brinca, a criança colhe objetos ou fenômenos à sua volta para elaborar a realidade interna ou pessoal, o que lhe permite desenvolver a habilidade de sonhar, vivendo, de maneira fantasiada, fragmentos escolhidos da realidade exterior. O psicanalista inglês afirma que "é a brincadeira que é universal, que é a própria saúde" (Winnicott, 1975, p. 63). O analista ou terapeuta infantil tem de estabelecer um ambiente confortável e seguro para a criança por meio da ludicidade, de modo que o pequeno possa expressar suas fantasias, medos, anseios e sintomas, trabalho que possibilitará a consolidação de um "*self* mais forte".

Felice (2003) esclarece que, segundo Winnicott, efetuada "na sobreposição de duas áreas do brincar, a do paciente e a do terapeuta, a psicoterapia implica que duas pessoas sejam capazes de brincar juntas. Por si mesmo, o brincar é visto como uma terapia". Além disso, no brincar o paciente apresentar sua criatividade. O manuseio do *setting* (local de atendimento) pelo analista e sua capacidade de *holding* (sustentação) são essenciais para o paciente alcançar maior integração.

Forlenza Neto (2008) situa o lugar do analista: esse profissional, utilizando-se do jogo ilusório materno, deve ter a criatividade como o centro de todas as etapas de seu trabalho, prestando atenção sempre para que a perspectiva analítica de sua intervenção não interfira na criatividade do paciente. Portanto, a teoria de Winnicott alia o "lugar do analista" com "a constituição do sujeito psíquico e sua relação com o ambiente facilitador, sendo essa interação o elemento estruturante por excelência, não se podendo aceitar a vida psíquica como subproduto da organização libidinal" (Forlenza Neto, 2008, p. 86).

Síntese

Neste capítulo, procuramos demonstrar que a infância e a adolescência, da forma como encaradas na atualidade, são conceitos socialmente construídos. Em outras palavras, a maneira de lidar com crianças e adolescentes passou por muitas mudanças na história. Neste início do século XXI, por exemplo, não só podemos verificar uma dinâmica afetiva relacionada à infância fundamentalmente diferente da observada poucos séculos atrás (em que a criança era literalmente vista como um "pequeno adulto"), como também podemos elencar várias conformações familiares (famílias comandadas só pela mãe ou pelo pai, núcleos familiares formados por casais homoafetivos etc.). Especificamente com relação à adolescência, ressaltamos que os jovens, segundo Muller (1988), precisam descobrir seu espaço na sociedade, explorar e definir, na medida do possível, sua sexualidade, encarar o mundo do trabalho e suas dificuldades, enfim, construir a própria trajetória. Essa empreitada é muitas vezes encarada com pouco auxílio externo e demanda muito esforço por parte do adolescente, que precisa distinguir aquilo que quer ou não ser. Nessa dinâmica de perdas e frustrações, o jovem tem de aprender a se desprender de um passado que já não é mais física, afetiva e socialmente seu.

Trabalhamos com dois autores importantes no capítulo: Pichon-Rivière e Winnicott. Uma questão central em Pichon-Rivière é o grupo operativo – uma técnica de trabalho, segundo Abduch (1999), caracterizada pela promoção de um meio de aprendizagem. Essa aprendizagem, que deve ser realizada em grupo, pressupõe uma perspectiva crítica, dialética, da realidade, de modo que o sujeito e seus pares passem a fazer parte dessa realidade de forma ativa. A abordagem de Pichon-Rivière pressupõe necessariamente uma transformação. Para Winnicott, por outro lado, o que importa de fato é a forma como o indivíduo interage com seu entorno, ou seja, os fenômenos transicionais. Oliveira (2009, p. 46) afirma que, conforme a teoria winnicottiana, "os fenômenos transicionais são fundamentais para o amadurecimento humano e inauguram uma das etapas e conquistas de um novo sentido de realidade, instalando-se futuramente uma área específica de experiência". O êxito dessas etapas depende exclusivamente dos primeiros estímulos dados ao bebê. Winnicott classificou essa fase como uma "área intermediária de experiência", que tem repercussões nos aspectos internos e externos da vida psíquica do sujeito.

Atividades de autoavaliação

1. Analise as seguintes afirmações sobre a infância e a adolescência no momento atual:
    i) A infância e a adolescência, da maneira como são encaradas na atualidade, são construções sociais. O tratamento e a visão dispensados para a criança e o adolescente se transformaram no decorrer da história.
    ii) A adolescência é um período em que as questões afetivas e sexuais são facilmente solucionadas.
    iii) A identidade da criança é hoje calcada no consumo, na satisfação rápida do prazer, na realidade imediata e na profusão de informações.
    iv) O consumo é um fator equalizador entre a criança, o jovem e o adulto; a relação criança-adulto está sempre às voltas com a cultura do consumo, que tem no acúmulo de bens materiais o caminho para a felicidade, considerando-se que os bens adquiridos possibilitam projeções do eu e transmitem um rótulo definidor de posição social.
    v) A transição da infância para a adolescência se dá sem maiores percalços: o jovem vê as mudanças de

seu corpo como algo positivo e encara os desafios de sua inserção na sociedade como algo certo, pois essa mesma sociedade possibilita essa inclusão de várias formas, por exemplo, facilitando sua participação no mercado de trabalho.

Agora, assinale a alternativa que contém as afirmativas corretas:

a) Somente as afirmativas I, III e IV estão corretas.
b) Somente as afirmativas I e IV estão corretas.
c) Somente as afirmativas II e III estão corretas.
d) Somente as afirmativas II, III e IV estão corretas.
e) Somente as afirmativas II e V estão corretas.

2. Assinale a alternativa que apresenta corretamente algumas situações que caracterizam a adolescência:
   a) A adolescência é um período de crises.
   b) É uma etapa do desenvolvimento físico, orgânico e psicoafetivo; uma etapa de iniciação e passagem para a vida adulta
   c) O adolescente tem muita facilidade para escolher o rumo profissional que quer dar para sua vida, faz a escolha profissional sem crises.
   d) A adolescência é um estágio dramático, na qual o jovem transita entre o desejo de ser independente e a necessidade de ser protegido. Nessa dinâmica, muitas vezes procura o apoio de seus pares de idade semelhante.
   e) A adolescência é socialmente e historicamente construída, isto é, até meados do século XIX, esse conceito não existia.

3. Relacione os itens a seguir com as afirmações correspondentes:
   1) Tarefa
   2) Pichon-Rivière
   3) Processo de mudança
   4) Grupo operativo
   5) Winnicott

   ( ) Estudioso que desenvolveu uma concepção de homem na qual há um forte vínculo entre a investigação psicanalítica e a investigação social e que concebeu o indivíduo como uma unidade constituída por mente, corpo e mundo exterior, todos unidos em uma integração dialética.
   ( ) Técnica de trabalho com grupos cujo maior objetivo é promover, de forma econômica, um processo de aprendizagem. Nesse processo, o sujeito precisa aprender a ver criticamente seu entorno, de modo a apropriar-se criticamente de sua realidade. Essa aprendizagem pressupõe uma postura inquisitiva, na qual cada resposta se tranforma numa nova pergunta (sendo, por isso, dialética).
   ( ) Algo que assusta a maioria das pessoas; nem sempre é um processo tranquilo.
   ( ) Recurso utilizado por um grupo para a realização de suas metas.
   ( ) Para esse estudioso, os adolescentes revivem suas etapas anteriores de maneira muito forte, pois se veem acrescidos de um poder instintual (força física e sexual), que não existia anteriormente, juntamente com astúcia, arrogância, hostilidade, dissimulação, entre outras características.

Agora, assinale a alternativa que apresenta a sequência correta:

a) 1, 3, 4, 2, 5.
b) 2, 4, 3, 1, 5.
c) 3, 2, 4, 5, 1.
d) 4, 5, 2, 1, 3.
e) 5, 2, 3, 1, 4.

4. Assinale com V as afirmativas verdadeiras e com F as falsas:
   ( ) Para Winnicott, o processo de amadurecimento inicia-se em dado ponto após a concepção e continua ao longo da vida do indivíduo até sua morte natural.
   ( ) Toda criança tem uma linha de vida, que tem início no nascimento. A manutenção da linha de vida, que começa no nascimento, é dever fundamental dos responsáveis pela criança. Entre as ameaças ao desenvolvimento da criança está justamente a fragmentação dessa linha.
   ( ) Winnicott considerava a vida intrauterina determinante da personalidade de cada indivíduo.
   ( ) Cada pessoa tem um nível de capacidade para se integrar e amadurecer, condicionado fundamentalmente pelas provisões do entorno. "Amadurecer significa unificar-se e constituir um eu, e chegar a uma autonomia relativa, adaptar-se ao mundo, sem perder a espontaneidade natural" (Oliveira, 2009, p. 45).
   ( ) O processo de amadurecimento, para Winnicott, inclui estágios ou etapas: solidão essencial,

dependência relativa, estágio de desilusão e início dos processos mentais; estágio da transicionalidade; estágio do EU SOU, estágio de concernimento, estado edípico; estado de latência; adolescência; fase adulta, velhice e morte.

Agora, assinale a alternativa que indica a sequência correta:

a) V, V, V, V, V.
b) V, F, F, V, V.
c) F, V, V. V, F.
d) V, V, F, V, V.
e) F, V, V, V, V.

5. Assinale a alternativa **incorreta**, ou seja, aquela que **não** condiz com a teoria winnicottiana:

a) "Amadurecer significa unificar-se e constituir um eu, e chegar a uma autonomia relativa, adaptar-se ao mundo, sem perder a espontaneidade natural" (Oliveira, 2009, p. 45). Para a manutenção da saúde do indivíduo, essa realização é fundamental. Caso esse processo não se dê a contento, há uma grande possibilidade de desenvolvimento de distúrbios psíquicos, estando entre os mais graves a esquizofrenia.

b) Oliveira (2009, p. 46) afirma que, conforme a teoria winnicottiana, "os fenômenos transicionais são fundamentais para o amadurecimento humano e inauguram uma das etapas e conquistas de um novo sentido de realidade, instalando-se futuramente uma área específica de experiência". Para que a criança tenha sucesso nessa fase, depende de um bom encaminhamento nos estágios anteriores, pois

a experiência da transicionalidade tem suas raízes no mundo subjetivo do bebê.
c) A grande ênfase na teoria de Winnicott se concentra na forma como a pessoa já adulta lida com seu dia a dia no trabalho.
d) Para Winnicott, o adolescente é "um ser isolado [...] e todo relacionamento entre pessoas, toda sociabilidade, tem como ponto de partida o isolamento" (Winnicott, citado por Oliveira, 2009, p. 96). O indivíduo que não tem um início de vida significativo traz dentro de si uma potencial desintegração, haja vista que o período em que se encontra é extremamente desafiador do ponto de vista psicológico. Para aqueles que contam com um ambiente construtivo e confiável, o tempo será o melhor agente para muitos eventos e percalços.
e) Os objetos transicionais são de extrema importância no desenvolvimento das crianças.

Atividades de aprendizagem

Questões para reflexão

1. No livro *O brincar e a realidade*, Winnicott (1975) propõe o **método de inserir o brincar e o uso de objetos transicionais no tratamento terapêutico psicanalítico**. De acordo com o autor, através do brincar, as crianças trazem à tona seus sentimentos negativos e suas vontades; além disso, a ludicidade possibilita que os pequenos elaborem formas de contornar suas inquietudes e explorar a realidade à sua volta. Quando brinca, a criança colhe

objetos ou fenômenos à sua volta para elaborar a realidade interna ou pessoal, o que lhe permite desenvolver a habilidade de sonhar. O psicanalista inglês afirma que "é a brincadeira que é universal, que é a própria saúde" (Winnicott, 1975, p. 63).

2. Produza um pequeno texto em que você apresente uma reflexão sobre o trecho reproduzido a seguir:

> Não só a infância mudou, mas a família, neste início de século XXI, de acordo com a FESP-RJ (2007); na sociedade atual a família vem assumindo diversas configurações para além do núcleo pais/filhos. Tem-se, por exemplo: 1) A família ampliada (tios e/ou avós morando juntos); 2) A família de homossexuais com filhos adotados; 3) As famílias comandadas só por mulheres ou só por homens; 4) As famílias que convivem meio-irmãos [sic] (filhos só do pai ou só da mãe); 5) As famílias de padrastos de pais vivos (o segundo marido ou a segunda mulher vivendo com os filhos da relação anterior do cônjuge); e assim por diante numa relação que pode chegar a mais de trinta tipos. Essa diversificação do núcleo familiar, sobretudo depois que a mulher deixou o lar e foi para o mercado de trabalho, gerou uma participação maior dos professores na educação não escolar do estudante, em que ele substitui os pais em determinadas tarefas. Tal exigência levou os professores da atualidade a uma queixa geral de sobrecarga de trabalho. (Quadros, 2009, p. 29)

Atividade aplicada: prática

1. Escolha quatro famílias que você conheça e descreva-as, buscando observar seu funcionamento grupal. Quem mais interage com quem? É um grupo maduro, isto é, centra-se na resolução das coisas que são importantes para seu funcionamento? Quem é mais excluído? Numere as pessoas das famílias (S1, S2 etc.) para organizar a observação das interações.

4
Os mecanismos de defesa

Neste capítulo, trataremos de recursos inerentes à personalidade e dos quais todos se utilizam: os mecanismos de defesa. Os desafios do ambiente externo e das pulsões fazem com que o ego use mecanismos que nos auxiliam a lidar com a ansiedade. O ego governado pelo princípio da realidade busca lidar realisticamente com o ambiente; no entanto, como explicam Friedman e Schustack (2004), a distorção da realidade, em determinadas situações, é a forma mais adequada que o ego encontra para lidar com pulsões prejudiciais ou violentas que têm origem no id. Esses processos de alteração da realidade para nossa sobrevivência chamam-se *mecanismos de defesa*. No presente capítulo, abordaremos os principais tipos existentes – sublimação, formação reativa, isolamento, projeção, regressão, repressão, racionalização e negação – e algumas de suas implicações em psicopatologias.

4.1
Principais mecanismos de defesa

Convém destacarmos que, de acordo com Feist, Feist e Roberts (2015), o conceito de mecanismos de defesa foi primordialmente concebido por Freud e, posteriormente, melhorado por Ana Freud e que o ego tem participação fundamental na conformação desses mecanismos. Como vimos anteriormente, o aparelho psíquico é formado por id, ego e superego. Nessa dinâmica, o primeiro mantém nosso vínculo com a realidade e mantém afastadas certas exigências das outras estruturas da personalidade (id e superego). No que diz respeito à forma e aos ajustamentos que os mecanismos de defesa assumem em nossa psique, a organização do ego também é determinante: se a organização dessa instância é adequada, nossas reações são mais fundamentadas na racionalidade e na constância. Portanto, podemos afirmar que os mecanismos de defesa consistem em iniciativas de natureza psicológica que têm como função amenizar repercussões insalubres direcionadas ao ego. Entretanto, é importante destacarmos que, quando levados ao seu extremo, esses recursos, por mais normais e universais que sejam, acabam repercutindo em comportamento repetitivo compulsivo e neurótico (Feist; Feist; Roberts, 2015).

> **Importante!**
>
> Na psicanálise de Sigmund Freud, o princípio de realidade, de acordo com Laplanche e Pontalis (2001), **é um dos princípios mentais que regem nossa psique,** de modo que encaremos a realidade de forma salutar, considerando-se que precisamos constantemente protelar nossos anseios por prazer e suas consequentes gratificações. Citemos um exemplo da aplicação do princípio da realidade: quando uma sensação de fome nos atinge quando estamos em alguma situação social que não nos permite saciar esse desejo de imediato (em uma aula, por exemplo), esse princípio nos auxilia a controlar nossa ansiedade, levando em conta que poderemos amenizá-la em momento posterior.

Quanto à estrutura da personalidade, tendo em vista a segunda tópica (id, ego e superego), Quiles (2001, p. 6, grifo nosso e do original) afirma que, nas neuroses (que veremos mais ao final do capítulo), "existe um conflito principal entre o *ego* e o *id* – **o ego defende-se das pulsões e reprime uma parte da sua vida instintiva, obedecendo às exigências da realidade externa e do *superego*** – o representante interno dessas realidades". Ainda de acordo com Quiles (2001, p. 6), "nas psicoses, o conflito essencial é entre o ego e a realidade externa – o ego nega a realidade ou retrai-se, obedecendo aos impulsos do id".

Pense a respeito

Sempre que usamos de defesas ou mecanismos de defesa, gastamos energia (daí ser uma das características das neuroses o cansaço ou astenia).

Nos escritos metapsicológicos de Freud de 1915, conforme Laplanche e Pontalis (2001), os mecanismos de defesa são vistos em duas situações: (1) para tratar do processo defensivo característico de uma neurose como um todo; (2) para tratar da aplicação defensiva de certo destino pulsional – recalcamento, volta sobre si mesmo, intervenção ou reinversão. Os autores afirmam que os mecanismos de defesa são utilizados pelo ego, o que leva à suposição de que todo mecanismo de defesa é adaptativo, no sentido de que eles auxiliam a pessoa a encarar suas especificidades negativas, diminuindo a ansiedade.

Os mecanismos de defesa foram também extensamente estudados por Anna Freud, segundo Laplanche e Pontalis (2001). Utilizando-se de exemplos efetivos, a estudiosa apresentou toda a riqueza e profundidade dos mecanismos de defesa, demonstrando como esses recursos podem se valer de fantasias e atividades de ordem intelectual; além disso, Anna Freud atestou que, além de repercutirem em reivindicações pulsionais, os mecanismos de defesa podem influenciar qualquer fator que possa implicar angústia: desde fatores emocionais até demandas de estruturas da personalidade (nesse caso, o superego).

Importante!

Anna Freud, sexta filha de Sigmund Freud, era pedagoga de formação e trabalhou por um curto espaço de tempo como professora, tornando-se psicanalista. Ela e Melanie Klein, embora tivessem divergências, foram as primeiras psicanalistas de crianças. De acordo com Camarotti (2010, p. 50),

> A psicanálise de criança teve início num período em que a comunidade analítica debatia a formação do analista e tentava institucionalizar essa formação. Nos anos pós-guerra, a preocupação com o mau uso da psicanálise e o temor do charlatanismo contribuíram para a polêmica sobre a conveniência ou não de autorizar os não médicos a este exercício. Uma resolução tomada em 1927 pela Comissão Internacional de Ensino dispensou os psicanalistas de criança da formação médica que era exigência de algumas sociedades psicanalíticas quando se tratava de analistas de adulto.

Esse fato, prossegue Camarotti (2010, p. 50),

> imprimiu à psicanálise de criança uma busca contínua de reconhecimento. No seio da psicanálise infantil persistiu um debate entre Anna Freud e Melanie Klein em torno do que é a "verdadeira psicanálise". Um dos fatores de discordância era a descrença de Anna Freud quanto à possibilidade de a criança estabelecer uma transferência, aspecto este defendido por Klein e que permaneceu como mais aceito entre os analistas.

Fenichel (2004), por sua vez, propõe a seguinte divisão das defesas do ego: **bem-sucedidas**, que eliminam aquilo que se rejeita, e **ineficazes**, que repetem ou prolongam a rejeição, para que impulsos rejeitados não venham à tona. As **patogênicas**, base das neuroses, juntam-se ao segundo tipo: ao não encontrarem um meio de expressão, os impulsos opostos ficam suspensos no inconsciente, fenômeno que causa tensão e, possivelmente, uma manifestação violenta do impulso.

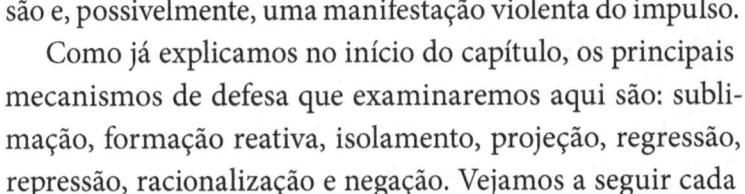

Como já explicamos no início do capítulo, os principais mecanismos de defesa que examinaremos aqui são: sublimação, formação reativa, isolamento, projeção, regressão, repressão, racionalização e negação. Vejamos a seguir cada um deles.

4.1.1
Ansiedade e sublimação

Ansiedade

A ansiedade é um dos entraves ao desenvolvimento do indivíduo. Esse fenômeno normalmente ocorre em virtude de incremento de tensão ou desprazer causado por eventos reais ou imaginados. A ansiedade se faz presente quando a materialidade do corpo ou a psique são prejudicadas a um ponto impossível de se ignorar, contornar ou aliviar. Não é um mecanismo de defesa do ego, mas em geral está presente na maioria das neuroses associadas a mecanismos de defesa (Fadiman; Frager, 2002).

Feist, Feist e Roberts (2015) afirmam que sexo e agressividade são temas caros a Freud e de grande importância para o conceito de ansiedade. "Ao definir ansiedade Freud enfatizou que ela é um estado afetivo desagradável acompanhado por uma sensação física que alerta a pessoa contra um perigo iminente" (Feist; Feist; Roberts, 2015, p. 24).

Muitos fenômenos podem causar ansiedade, como a perda de um ente querido ou a incapacidade de obter aprovação de alguém de que gostamos; mesmo a culpa e a autopunição levam a uma depreciação da autoimagem pelo superego. Feist, Feist e Roberts (2015, p. 24) esclarecem que "somente o ego pode produzir ou sentir a ansiedade, mas o id, o superego e o mundo externo estão envolvidos em um dos três tipo de ansiedade: neurótica, moral e realista".

De acordo com Fontana (1991), há três tipos de ansiedade, de acordo com Freud: **neurótica**, **realística** e **moral**. A primeira se faz presente quando há energia emocional reprimida no id (o sujeito teme constantemente, apesar de não conseguir determinar o foco de seu medo). A segunda, que ocorre quando o indivíduo se vê ameaçado por eventos externos, opera no âmbito do ego. A terceira se efetiva quando o sujeito é acometido de ansiedade que tem origem no superego, punitivo e promotor de culpa.

Sublimação

A sublimação é definida por Laplanche e Pontalis (2001, p. 638) como processo postulado por Freud "para explicar atividades humanas sem qualquer relação aparente com a sexualidade, mas que encontrariam o seu elemento propulsor na força da pulsão sexual. Freud descreveu como atividades de sublimação principalmente a atividade artística e a investigação intelectual". Para sobrevivermos, devemos sublimar nossas pulsões sexuais e agressivas, pois não podemos dar vazão a essas pulsões por meio do sexo e de embates físicos constantemente. Se agíssemos de maneira contrária, provavelmente a espécie humana já teria sido extinta.

De todos os mecanismos de defesa, a sublimação é o que mais contribui para o funcionamento da sociedade, pois geralmente utilizamos esse recurso para construção de algo útil a todos. Fenichel (2004) expressa a ideia de que as defesas bem-sucedidas podem colocar-se sob o título de *sublimação*. Podemos pensar que a sublimação transforma energias que poderiam ser destrutivas, como a agressividade, direcionando-as para situações aceitas e, em geral, elevadas, como a arte, o esporte, a cultura e a vida intelectual. Freud (1980e, p. 192) observa, ao falar do instinto sexual: "A essa capacidade de trocar seu objetivo sexual original por outro, não mais sexual, mas psiquicamente relacionado com o primeiro, chama-se capacidade de sublimação". Essa transformação, segundo Freud (1980h, p. 32), "coloca à disposição da atividade civilizada uma extraordinária quantidade de energia, em virtude de uma singular e marcante característica: sua capacidade de deslocar seus objetos sem restringir consideravelmente a sua intensidade".

4.1.2
Formação reativa, isolamento, projeção e regressão

Formação reativa

A formação reativa, que tem origem na infância, consiste em um mecanismo que "substitui comportamentos e sentimentos que são diametralmente opostos ao desejo real; é uma inversão clara e em geral inconsciente do desejo" (Fadiman; Frager, 2002, p. 21). Freud (1976) explica: ao tomarem conhecimento do prazer originado do sexo que não pode ser satisfeito nesse contexto, as crianças manifestam forças de natureza psíquica opostas mobilizadas para mitigar esse desprazer, consolidando os seguintes recursos mentais: repugnância, vergonha e moralidade. Marques (2012, p. 15) assinala que a formação reativa "é o mecanismo de defesa que faz com que o sujeito transforme afetos negativos em positivos ou ao contrário".

Convém ressaltarmos, ainda de acordo com Fadiman e Frager (2002), que as repercussões da formação reativa podem ser negativas no que diz respeito à socialização. A especificidade notável da formação reativa é sua manifestação muitas vezes extrema, pois a ocultação dos impulsos é cada vez mais profunda à medida que eles são negados.

Entre os excessos característicos das formações reativas podemos citar a "mania de limpeza", que pode ser relacionada a um foco de consciência no contato e no exame da sujeira. Podemos também elencar a postura altamente interventora de pais que, sem admitirem, se ressentem dos filhos. Em geral, por sentirem culpa em relação aos filhos, os pais os superprotegem, o que leva a pensar que estão, ao fazê-lo, punindo-os. Conforme Fadiman e Frager (2002, p. 22), a "formação reativa oculta partes da personalidade e restringe a capacidade de uma pessoa responder a eventos; a personalidade pode tornar-se relativamente inflexível".

Na formação reativa, segundo Perry (1991, p. 41), o sujeito

> lida com conflitos emocionais ou estressores internos ou externos, substituindo seus pensamentos ou sentimentos inaceitáveis, por comportamentos ou sentimentos diametralmente opostos aos seus. Um impulso ou afeto original

é considerado inaceitável pela pessoa e uma substituição inconsciente é feita. Sentimentos, impulsos e comportamentos de um matiz emocional oposto substituem os originais. O observador não vê a alteração em si, e sim o produto final. Substituindo os sentimentos inaceitáveis originais pelo seu oposto, o sujeito evita a culpa, além do mais, a substituição pode gratificar um desejo de se sentir moralmente superior. A formação reativa pode ser inferida quando um sujeito reage a um evento com uma emoção oposta, ou de nuance oposto àquele evocado usualmente nas pessoas. Ela é mais evidente em exemplos em que o cuidado e a preocupação substituem uma irritação ou medo em relação àqueles que agem contra o sujeito. Ela também é vista quando grosserias ou depreciações são substituídas por preocupação ou interesse julgados inaceitáveis.

Mees (1999) explica que, para Freud, a força das formações reativas do eu em relação aos embates com a sexualidade é manifestada por meio de princípios éticos, piedade e asseio. Entretanto, a despeito das restrições pelas quais passa, o eu extrai prazer por meio dos sintomas. Por exemplo: na neurose obsessiva, graças à combinação bem-sucedida entre satisfação e proibição, esse fenômeno é comprovado pelos sintomas de penitência ou restrições autopunitivas, "conjugando satisfação de pulsões masoquistas que são reforçadas pela regressão. Em função da regressão, o superego é severo, e a angústia se deve à hostilidade do mesmo" (Mess, 1999, p. 39). Um exemplo é a pessoa que tem desejos sexuais intensos e os transforma em seus opostos, manifestando comportamentos extremos de pudor. Nesse caso, o sujeito os percebe como perigosos e perderia o controle se cedesse a seus impulsos.

Isolamento

Fenichel (2004) afirma que um tipo de isolamento que ocorre muito frequentemente é o dos componentes sensuais e amorosos da sexualidade. "Resulta da repressão do complexo de Édipo o fato de muitos homens (e também muitas mulheres) não conseguirem obter satisfação sexual plena porque só são capazes de gozar a sensualidade com pessoas pelas quais não sentem amor ou até com pessoas que desprezam" (Fenichel, 2004, p. 145).

No que diz respeito ao isolamento, Perry (1991, p. 45) indica que o sujeito tem de enfrentar embates de ordem emocional internos e externos. Por isso, ele se vê na impossibilidade de lidar, ao mesmo tempo, com aspectos intelectuais e emocionais de suas experiências, pois o segundo aspecto afetivo é isolado da consciência. No mecanismo de defesa de isolamento, continua Perry (1991, p. 45),

> o sujeito perde o contato com os sentimentos associados a uma determinada ideia (ex.: um acontecimento traumático) enquanto permanece consciente de seus elementos cognitivos (ex.: detalhes descritivos). Somente o afeto é perdido ou separado enquanto a ideia está consciente. É o contrário da repressão, quando o afeto é retido, mas a ideia é separada e irreconhecida.

Ainda com relação ao isolamento, Perry (1991) assinala que em algumas situações é possível dissociar o afeto da respectiva ideia. O afeto é sentido, mais tarde, sem associação direta com a experiência e ideia originais. Em vez de haver a associação do afeto com sua ideia originária, existe um intervalo neutro entre a concepção da ideia e a experimentação do sentimento relacionado a ela. Indivíduos que porventura sintam que uma experiência pode ameaçá-los ou causar-lhes ansiedade são aptos a lidar com ela se seus afetos forem apartados da consciência.

Muito frequentemente, os afetos isolados são associados à ansiedade, à vergonha ou à culpa que poderiam emergir se eles fossem experienciados diretamente. A vantagem de se evitar a ansiedade, a vergonha ou a culpa associadas é que o indivíduo, ao omitir a experiência de sentimentos, acrescenta informações relevantes, o que pode ser útil na realização de escolhas. Um exemplo da clínica acontece quando traumas pessoais são descritos sem referência a reações emocionais pessoais (ex.: "depois do acidente de carro, eu não estava nem um pouco preocupado; eu simplesmente me levantei e voltei para o trabalho") (Perry, 1991, p. 46).

Projeção

Feist, Feist e Roberts (2015, p. 26) mostram que, "quando um impulso interno produz ansiedade excessiva, o ego pode reduzir essa ansiedade atribuindo o impulso indesejado a um objeto externo, geralmente outra pessoa". Trata-se do ato de atribuir a outra pessoa, animal ou objeto sentimentos ou pensamentos que são próprios do sujeito. A projeção é, pois, a iniciativa por meio da qual aspectos da personalidade são movidos da psique e manifestados no meio externo. Nesse caso, a "ameaça é tratada como se fosse uma força externa. A pessoa pode, então, lidar com sentimentos reais, mas sem admitir ou estar consciente do fato de que a ideia ou comportamento temido é dela mesma" (Fadiman; Frager, 2002, p. 23). Geralmente, quando projetamos, não percebemos que essa característica que nos incomoda na outra pessoa faz parte de nossa subjetividade.

Fenichel (2004) explica que a projeção é resultado de uma rejeição do ego em aceitar um impulso do id tido como altamente reprovável, atribuindo-o a outrem. Um grande exemplo que temos no dia a dia são as fofocas, caso em que a pessoa projeta conteúdos seus em alguém escolhido (em geral, alguém de quem não gosta), e qualquer deslize que esse alvo cometa vira assunto. Na realidade, a pessoa está falando de si mesma quando comete esse tipo de indiscrição.

Regressão

A regressão é geralmente associada à frustração. Fenichel (2004) esclarece que, ao se deparar com determinada frustração, o indivíduo pode sentir saudades de outros tempos experienciados, de épocas em que as vivências eram melhores, de tipos anteriores de satisfação, mais completos. O neurótico obsessivo, quando acometido por embates entre seus impulsos edipianos fálicos e seu medo de castração, faz dos desejos sádicos anais um substituto, fenômeno no qual a regressão torna-se um mecanismo de defesa. O sujeito preso à etapa de desenvolvimento anal só passará com relutância à fase fálica, pois seu ego é fraco. No entanto, convém ressaltarmos que eventos traumáticos e bruscos podem fazer com que regressões sejam verificadas até mesmo em indivíduos desprovidos de fortes fixações.

A regressão pode acontecer quando nasce um novo irmão. Dois tipos de regressão merecem menção. O primeiro é a categoria em que a sexualidade do indivíduo adulto regride a níveis infantis. Para esse sujeito, frustrações de qualquer natureza podem fazer a pessoa voltar à sua sexualidade infantil à qual está inconscientemente preso. O segundo é a categoria referente ao retorno ao narcisismo primário, etapa que antecede a distinção definitiva entre ego e id. A intercessão do ego é a consequência nesse caso (Fenichel, 2004).

4.1.3
Repressão, racionalização, negação

Repressão

Fadiman e Frager (2002, p. 21) afirmam que a "repressão afasta da consciência um evento, ideia ou percepção potencialmente provocadores de ansiedade, impedindo, assim, qualquer solução possível. O elemento reprimido ainda faz parte da psique, apesar de inconsciente, e que continua sendo um problema". Já Fenichel (2004, p. 138) entende que a "repressão nunca é realizada de uma vez por todas, mas requer um constante consumo de energia para manter-se, enquanto que o reprimido faz tentativas constantes para encontrar uma saída".

Além de sintomas histéricos, alguns males de ordem psicossomática, como doenças estomacais e respiratórias (a asma, por exemplo), bem como muitos outros problemas de ordem orgânica e, mais especificamente, sexual, muitas vezes têm vínculo com a repressão.

De acordo com Fadiman e Frager (2002, p. 19),

> se, por exemplo, você tiver sentimentos fortemente ambivalentes em relação a seu pai, poderá amá-lo e ao mesmo tempo desejar que ele estivesse morto. O desejo de sua morte, com as fantasias que o acompanham, e os sentimentos resultantes

da culpa e vergonha, podem todos ser inconscientes, uma vez que tanto o ego quanto o superego achariam a ideia inaceitável.

Fadiman e Frager (2002) acrescentam: os sentimentos anteriormente citados passam por uma repressão ainda maior quando da morte efetiva do pai. Obviamente, dar vazão a tais pensamentos é algo impensável para o superego. No caso desse evento, a pessoa que alimenta tais fantasias pode parecer calma ou indiferente, mas isso provavelmente é resultado da repressão da dor causada pela perda.

Perry (1991, p. 36) define que, na repressão, o sujeito "lida com conflitos emocionais estressores internos ou externos, sendo incapaz de se lembrar ou estar consciente de seus desejos, sentimentos ou pensamentos perturbadores". A repressão evita que o sujeito tome consciência de certas vivências atuais e passadas. O indivíduo passa pela experiência de um afeto, impulso ou desejo particular, mas a consciência real do que ele é, isto é, a imagem que tem de si, permanece fora de sua consciência. Enquanto os elementos emocionais estão claramente presentes e sendo experienciados, os elementos cognitivos permanecem fora da consciência (Perry, 1991).

O sujeito reprimido não só tem dificuldade para lidar com suas emoções e impulsos, como também não consegue reconhecer a origem desses estímulos (Perry, 1991). "Sem saber por que seus impulsos e sentimentos estão ocorrendo, a pessoa os expressa sem modificação ou os altera pela utilização de um mecanismo de defesa adicional" (Perry, 1991, p. 36). Por exemplo: o anseio reprimido de agredir uma pessoa pode deslocar-se e posteriormente, por conta de um evento extremamente simples, redundar em um ataque de ira.

Racionalização

De acordo com Friedman e Schustack (2004, p. 89), a racionalização é "um mecanismo que abrange explicações lógicas pós hoc (após o fato), de comportamentos que na realidade foram impulsionados por motivos internos inconscientes". Na racionalização, identificam-se motivos aceitáveis para pensamentos e ações que não são aceitáveis. Citemos um exemplo de Borges e Peres (2013): doentes de câncer normalmente racionalizam seu estado para lidar com o peso de tal problema, naturalizando a ocorrência da doença. Outro exemplo clássico é o da fábula da raposa e das uvas: não conseguindo pegar uvas num parreiral, a raposa racionaliza: "Estavam verdes mesmo".

Negação

O comportamento caracterizado como negação ocorre quando o indivíduo se recusa a reconhecer determinado fato ou evento que desagrada seu ego. Algumas pessoas costumam deturpar certos fatos, afirmando categoricamente que aconteceram de forma diversa da relatada por outros, ou até mesmo atestando que não ocorreram. Esse esforço imaginativo tem várias manifestações, e suas proporções podem surpreender observadores. Fenichel (2004, p. 134) pondera que "a tendência a negar sensações dolorosas é tão antiga quanto o próprio sentimento de dor. Nas crianças pequenas, é muito comum a negação de situações desagradáveis". Às vezes, observa-se a luta entre a negação e a memória – certo acontecimento ora é negado, ora é reconhecido.

A clínica indica como sintoma de negação mais recorrente a rememoração incorreta de fatos. A pessoa tem em suas memórias determinado acontecimento e o rememora de forma muito concreta; entretanto, em outro momento, o mesmo indivíduo traz à memória os eventos passados de maneira diferente e posteriormente se dá conta de que a primeira construção de suas lembranças nada mais era que uma iniciativa defensiva de sua psique.

A negação da ocorrência de determinado fato também pode ocorrer. Em geral, essa postura pode até mesmo parecer bizarra para certos observadores. Exemplos: a negação pode ser consciente (no caso de alguém que solicita que se faça "vista grossa" para determinado acontecimento), assim como pode ser inconsciente (um homem, ao ouvir que sua esposa morreu, continua arrumando a mesa para as refeições contando com a presença de sua companheira, como se nada houvesse acontecido).

Segundo Perry (1991, p. 46), na anulação ou negação, "o indivíduo lida com conflitos emocionais ou estressores internos ou externos, através de comportamentos que visam compensar ou negar simbolicamente pensamentos, sentimentos ou ações anteriores". Em outras palavras, ao ter contato com sentimentos de culpa ou de ansiedade, o indivíduo minimiza a angústia expressando o afeto, o impulso ou a ação oposta, tirando-o da experiência de conflito. Na conversação, o sujeito alterna afirmações cujas qualificações têm significados opostos aos da afirmação original. Vista de fora, essa alternância no discurso confunde o interlocutor quanto ao desejo primário e à real intenção do sujeito (Perry, 1991).

Ainda quanto à negação ou anulação, Perry (1991) indica que ofensas podem ser seguidas de atos de reparação com relação ao objeto da ofensa. O sujeito parece compelido a apagar ou anular sua ação original. Na clínica, pode-se observar a anulação quando o paciente faz várias observações importantes sobre seus sentimentos, impulsos, crenças e ações, mas as contradiz imediatamente após, ou quando o sujeito antecede várias vezes seus comentários com "Eu estou provavelmente errado sobre isso, mas...", ou em várias ocasiões o sujeito descreve espontaneamente atos de reparação ao se perceber fazendo coisas erradas (por exemplo: "depois que eu perdi dinheiro no autódromo, eu levei flores para minha mulher").

4.2
Mecanismos de defesa do ego: psicanálise clássica e psicopatologia[1]

Muitas são as maneiras de se avaliar a subjetividade humana, entre as quais estão as várias visões propostas no âmbito da pisciologia. Entre essas perspectivas, podemos incluir a psicopatologia, que também tem em seu bojo várias correntes de interpretação.

Como bem aponta Leite (2000), não há uma unidade nas visões existentes na área da psicopatologia. Entre as diferentes vertentes desse campo do saber, encontram-se:

• • • • •
1 Esta seção foi elaborada com base em Quadros (2011).

- a descritiva, que se opõe à psicopatologia dinâmica;
- a médica, que diverge da existencial;
- a comportamental, que discorda da psicanalítica ou dinâmica;
- a categorial, que se contrapõe à dimensional (que vê graduações nos quadros clínicos);
- a biológica, que se opõe à sociocultural,
- a operacional-pragmática (na qual se baseiam a CID e o DSM), cujos pressupostos vão de encontro aos da fundamental (que centra atenção na pesquisa sobre o fundamento de cada conceito psicopatológico).

A psicopatologia, na perspectiva clínica, é uma área de estudo que trata da natureza das doenças mentais, as respectivas alterações de ordem psicológica, suas origens e seus tipos de expressão.

Ao contrário da psicanálise, que faz suas análises levando em consideração o sintoma e a subjetividade do paciente em relação a esse mesmo sintoma, a psicopatologia, de acordo com Kusnetzoff (1994), vale-se de um panorama teórico mais amplo, ao utilizar o conhecimento da psiquiatria dinâmica (isto é, da psiquiatria que segue a linha psicanalítica) e das teorias psicanalíticas, bem como o arcabouço da técnica e dos enquadramentos epistemológicos atuais que testam e avaliam essas produções discursivas.

Segundo Ceccarelli (2005), houve um desenvolvimento teórico da psicopatologia no decorrer de determinados períodos históricos. Portanto, há bastante tempo estudiosos procuram decompor o sofrimento psíquico em seus componentes mais básicos, de modo a estudar e amenizar suas repercussões. Nessa perspectiva, a psicopatologia fundamental, sob um prisma freudiano, "concebe o psiquismo como uma organização que se desenvolveu para proteger o ser humanos contra os ataques internos e externos" (Ceccarelli, 2005, p. 474) que colocam sua vida em perigo.

Leite (2000, p. 36) registra que, em Lacan, "a clínica que se convencionou como estruturalista tem como essência a distinção, a oposição e a diferença". Portanto, a abordagem lacaniana estaria calcada em um tipo de oposição, que, nesse caso, é tripartite: neurose, perversão e psicose, sendo atualmente essa classificação muito utilizada principalmente nos meios da psicanálise lacaniana.

Numa perspectiva de psicopatologia psicanalítica mais antiga, devem ser levadas em consideração a psicose e a neurose. No que concerne ao nível de influência sobre a psique, as psicoses dizem respeito aos quadros mentais graves. As neuroses, por sua vez, referem-se a quadros leves, característicos de indivíduos que podem ser ditos "normais". De acordo com Quiles (2001, p. 5), "Freud não hesitou em afirmar que todo mundo, inclusive os que gozam de perfeita saúde mental, apresenta traços neuróticos". Vejamos na seção a seguir algumas especificidades da neurose.

4.2.1
Neurose: especificidades

Para Quiles (2001), em uma perspectiva psicodinâmica, os embates na neurose acontecem geralmente entre o ego e o id; na psicose, esses mesmos conflitos se dão entre o ego e a realidade externa. Dito de outro modo, superego e ego criam um vínculo para debelar os estímulos do id, ao passo que na psicose id e ego se aliam contra o mundo exterior. No caso do indivíduo acometido pela neurose, o ego ainda é funcional: a pessoa ainda é capaz de planejar, enfrentar frustrações, julgar, estabelecer pensamentos e julgamentos coerentes, ainda que com alguma dificuldade. No caso do sujeito psicótico, o ego é instável ou já totalmente fragmentado (com estruturação precária ou já inexistente), soterrado por pulsões; nesse cenário, o princípio de realidade é substituído pelas leis do princípio do prazer, encontradas no inconsciente, tal como nos sonhos: deslocamento, condensação e simbolização. Nos sonhos, várias imagens são condensadas em uma, assim como deslocadas (por exemplo, pelo fato de não se permitir odiar a seu pai, o indivíduo desloca o sentimento de ódio para seu professor). Outro fator presente nos sonhos são simbologias (como ocorre quando o sujeito sonha com uma torre em vez de com um pênis ou com gavetas em vez de com uma vagina).

Fenichel (2004) afirma que alguns sintomas clínicos associados à neurose têm relação direta com defesas do ego ou com sua insuficiência. Podemos citar como sintomas as evitações e as inibições específicas. O sujeito acometido por esse problema evita situações, objetos, atividades, setores de interesse, qualidades de sentimento (de forma tanto consciente quanto inconsciente). Como exemplo, podemos considerar uma sensação de estar impotente diante de uma situação em que outros reagiriam de forma mais enérgica.

Outro sintoma neurótico descrito por Fenichel (2004) é a impotência ou frigidez sexual. As expressões de natureza sexual estão constantemente ligadas aos tipos de neurose existentes. Elas podem se manifestar desde uma discreta timidez, quando se trata de abordagem sexual, até a impotência ou frigidez completas. Outra categoria de inibição verificável diz respeito às restrições de instintos parciais. Não estão necessariamente direcionadas ao âmbito sexual, mas a funções que tiveram significação sexual na infância. Por exemplo: quanto à repressão a impulsos orais, o sujeito pode ter inibições ligadas ao ato de comer ou de comer certos tipos de alimentos. Essa manifestação pode se estender para ações de significado oral oculto: fumar, beber, estabelecer atividades sociais, ler.

Ainda de acordo com Fenichel (2004), podemos citar a inibição da agressividade como outra manifestação relevante de neurose. Associadas a inibições causadas por sentimentos negativos, as inibições da agressividade em geral incidem em sujeitos cujos masoquismo (também sadismo) e agressividade potenciais são reprimidos. Essa inibição também se caracteriza pela mansidão e polidez reativas inerentes ao neurótico obsessivo.

Outra inibição está relacionada às restrições de funções sexualizadas, em que os transtornos de funções que "serviram para conter a sexualidade podem, pouco a pouco, transformar-se em gratificações substitutivas ocultas" (Fenichel, 2004, p. 167). No que diz respeito ao processo de ensino-aprendizagem, pode ocorrer a inibição para assimilar conteúdos ou matérias, caso em que tais saberes ou algo associado a eles ou à personalidade do professor e sua maneira de ensinar podem estar ligados a conflitos fundamentais da sexualidade infantil.

Há algumas inibições inespecíficas cujas defesas redundam no empobrecimento da personalidade do indivíduo.

Investindo inconscientemente em mecanismos de defesa inúteis, o sujeito deprecia a si mesmo quanto às atividades racionais da vida, o que resulta em inibições múltiplas das atribuições relacionadas ao ego; além disso, o sujeito sofre de cansaço crônico ou se cansa com muita facilidade. Podemos estabelecer um paralelo entre o fenômeno descrito e o problema conhecido como *estresse*. Outro foco de inibições são as perturbações do sono (insônia e dificuldade de relaxamento), que em geral indicam neurose.

Quiles (2001) elenca as principais neuroses:

- **Neurose traumática**: gerada por um momento marcante extremamente negativo, faz com que o sujeito reviva eventos conflitivos inconscientes em sua realidade presente.
- **Neuroses atuais**: vinculadas ao cansaço e à fadiga (estresse), são denominadas *atuais* por um vínculo que se estabelecia entre essa neurose e desordens do desempenho sexual atual do indivíduo.
- **Neurose de angústia**: caracteriza-se pela dominância da angústia e suas respectivas expressões corporais (respiração agitada, arritmia cardíaca, disfunções do sistema digestório, problemas urinários e neuromusculares e transtornos do sono), que a diferenciam da ansiedade, caso em que as manifestações se relacionam à antecipação de um perigo.
- **Neurose fóbica**: nesse caso, a angústia é dirigida a indivíduos, objetos e fenômenos que geram terror paralisante (fobia); o indivíduo acometido por esse problema envida medidas de defesa para evitar o surgimento e o contato desse objeto da fobia (condutas evitativas).

- **Histeria:** de acordo com Quiles (2001), na neurose histérica há sintomas físicos notáveis e dos mais variados matizes. De forma mais demarcada que em outras neuroses, a origem do problema da pessoa histérica é fundamentalmente sexual.
- **Neurose obsessiva:** hodiernamente, a neurose obsessiva é designada pela expressão *transtorno obsessivo compulsivo* (TOC), como consta no Manual Diagnóstico e Estatístico de Transtornos Mentais – DSM-V (Associação Psiquiátrica Americana, 2014, p. 235); entretanto, apesar de circunscritos aos transtornos de ansiedade, os estudos relacionados ao TOC demonstram que, no que diz respeito aos seus sintomas, esse problema difere muito pouco do observado nas análises de boa arte da fortuna teórica freudiana. Segundo Quiles (2001), a neurose obsessiva se verifica em razão de traços de caráter típicos como hesitação, escrúpulos, tendência à ordem, obstinação, ruminação mental, bem como em virtude do contato do indivíduo com sintomas denominados *compulsivos* (pensamentos de natureza obsessiva, compulsões e rituais).

Ainda conforme Quiles (2001), as obsessões são pensamentos, construções imagéticas ou palavras que surgem no raciocínio cotidiano da pessoa e que ela considera absurdos, ridículos ou obscenos; essas interferências parecem impostas, reiterando-se à sua revelia. Inutilmente, o indivíduo tenta debelar essas ideias, que persistem em ser objeto de preocupação, angústia e luta, dinâmica que demanda grandes quantidades de tempo e energia do sujeito. A pessoa obsessiva se vê às voltas com proibições de várias ordens, problemas absurdos, sentimentos de culpas impalpáveis e questionamentos irrelevantes. As obsessões são sintomáticas por sua arbitrariedade, reiteração e caráter impositivo e pela alienação que causa no sujeito em relação ao seu problema.

Nas compulsões, o sujeito sente-se "empurrado" a realizar atos aos quais se opõe e que considera ridículos (como xingar na missa ou passar uma rasteira no chefe). Quiles (2001) afirma que os rituais são cerimoniais ou condutas estritamente regradas que o sujeito obriga-se a cumprir antes e depois de, por exemplo, dormir, comer, ir ao banheiro. Um exemplo são os rituais de limpeza, em razão dos quais a pessoa vive o tempo todo limpando. Tanto a neurose traumática quanto a atual e de angústia contam com vários mecanismos de defesa. No entanto, conforme Nasio (1991), no espectro neurótico, são três os grupos mais relevantes pelos quais processos de defesa se desenvolvem: a histeria, a obsessão e a fobia. Esses grupos têm em comum a função de obstruir um gozo inconsciente e perigoso e propor um sofrimento consciente e suportável; contudo, é possível distinguir esses grupos segundo os mecanismos de defesa associados nessa transformação da carga excedente. Quiles (2001) explica que os mecanismos de defesa utilizados pelo obsessivo são os seguintes: a regressão, para evitar castração; a anulação; a formação reativa; o isolamento de ideias; e o deslocamento de eventos, fenômenos, objetos e ideias relevantes para elementos quase que insignificantes.

4.2.2
Psicose: características

No que diz respeito à esquizofrenia, ou psicose, podemos iniciar nossa análise levantando a etimologia da palavra: o termo *esquizofrenia* vem do grego *esquizo*, que significa "divisão, separação", e *frenos*, que significa "mente" (nervos). Portanto, trata-se de uma doença gravíssima, por ser a psicose uma fragmentação dos elementos da personalidade em todos os seus aspectos:

- ideias, afetos e ações;
- externalidade e internalidade do ser;
- ego e não ego;
- percepções e raciocínios.

Pelo fato de as perturbações serem de naturezas várias, a sintomatologia é proteiforme: o espectro de variações entre indivíduos psicóticos, e na psique de um paciente propriamente dito, é extenso. Nesse panorama, podemos organizar as psicoses em:

- perturbações do pensamento e da linguagem;
- perturbações das emoções e da identidade;
- perturbações da vontade e dos movimentos;
- perturbações das pulsões;
- alucinações e delírios.

Sobre os mecanismos de defesa relacionados à psicose, podemos afirmar que a projeção esquizofrênica é maciça, sem fundamentação em qualquer dado da realidade, como é o caso da projeção fóbica ou da projeção paranoide. A externalidade em torno do sujeito é uma tábula rasa, uma verdadeira "tela de projeção" do inconsciente. No caso da paranoia, explica Fenichel (2004), a projeção é o recurso mais importante – nela determinada percepção interna passa por supressão e seu conteúdo é deformado (por exemplo: a transformação do afeto); na sequência, essa percepção se instala na consciência sob a forma de percepção externa. É um verdadeiro "retorno ao reprimido". A projeção tem como função isentar o ego de um sujeito e "tornar sujo" o ego de outros, transmitindo os piores pensamentos e impressões para terceiros. O esquizofrênico, por sua vez, tem um "depositário" muito bem escolhido; a projeção não se baseia em uma "tela de projeção", mas em um "tiro ao alvo".

Síntese

Neste capítulo, tratamos dos mecanismos de defesa, recursos da psique destinados a impedir que certos estímulos negativos da realidade interna ou externa ao sujeito atinjam seu ego. Quando manifestados de forma extrema, esses mecanismos resultam em comportamento repetitivo compulsivo e neurótico e culminam em grande gasto de energia (prova disso é o fato de que as neuroses muitas vezes estão associadas ao cansaço, ou astenia). As defesas do ego podem dividir-se em: bem-sucedidas (por exemplo: sublimação) – que encerram a rejeição ao objeto em questão – e ineficazes – que fazem com que o processo de rejeição seja reiterado ou perpetuado, de modo que seja impedida uma manifestação intempestiva dos impulsos rejeitados. As defesas patogênicas, nas quais as neuroses colocam suas bases, pertencem à segunda categoria:

quando estímulos contraditórios não têm lastro e ficam suspensos no inconsciente, produzem um estado de tensão, com possibilidade de irrupção.

Os principais mecanismos de defesa abordados foram: sublimação, formação reativa, isolamento, projeção, regressão, repressão, racionalização e negação. De todos eles, a sublimação traz a maior contribuição para a consolidação e manutenção da sociedade, pois as energias sexuais e agressivas direcionadas por esse mecanismo normalmente têm como objetivo algo de fato construtivo, tal como expressões artísticas, intelectuais ou culturais. Na formação reativa, o indivíduo apresenta comportamentos e afetos totalmente contrários ao desejo original. No isolamento, o sujeito separa partes de um estímulo provocador de ansiedade do resto da psique. É o ato de fragmentar o estímulo de modo a reduzir ao máximo o fator emocional do fenômeno. Já a projeção refere-se à ação de dirigir conteúdos internos de um sujeito para uma outra pessoa, animal ou objeto. A regressão muitas vezes ocorre quando o indivíduo, deparando-se com determinada frustração, passa a ver períodos anteriores da vida com saudosismo, a ansiar por um retorno a épocas em que as experiências eram mais prazerosas. A repressão faz com que determinado evento ou fenômeno agressivo para a psique seja alienado da consciência, o que, por outro lado, impede qualquer tipo de resolução do problema. O estímulo reprimido continua na psique, apesar de inconsciente. O sujeito que se utiliza da racionalização tenta elencar razões aceitáveis para pensamentos e ações altamente reprováveis. A negação é a iniciativa de rejeitar um evento da realidade agressiva para o ego. Trata-se do ato de "fantasiar" certos acontecimentos, que, na realidade, não ocorreram. Essas manipulações da realidade podem espantar um avaliador da situação.

Também elencamos no capítulo noções de psicopatologia. Demonstramos que, de acordo com Quiles (2001), as neuroses se desenvolvem em conflitos entre o ego e o id e que a psicose se assenta em um embate entre o ego e realidade externa. No primeiro caso, superego e ego bloqueiam pulsões do id; no segundo caso, id e ego têm um embate contra o mundo exterior. No sujeito neurótico, o ego continua funcionando com relativa eficiência, ainda que os mecanismos de defesa demandem energia. O ego do psicótico, por sua vez, é profundamente fragmentado, com estruturação fraca ou mesmo ausente; o ego foi "tomado" pelas pulsões, e estão presentes apenas as leis do princípio do prazer, encontradas no inconsciente, tal como nos sonhos: deslocamento, condensação e simbolização.

Atividades de autoavaliação

1. Como afirmamos no início do capítulo, os desafios do ambiente externo e das pulsões fazem com que o ego use mecanismos que nos auxiliam a lidar com a ansiedade. Assinale a alternativa **incorreta** acerca dos mecanismos de defesa:

    a) O ego governado pelo princípio da realidade busca lidar realisticamente com o ambiente; no entanto, como afirmam Friedman e Schustack (2004), a distorção da realidade, em determinadas situações, é a forma mais adequada que o ego encontra para lidar com pulsões prejudiciais ou violentas que têm origem no id.

b) Os principais mecanismos de defesa são: sublimação, formação reativa, isolamento, projeção, regressão, repressão, racionalização e negação.
c) O id, na qualidade de reservatório de pulsões sexuais e agressivas, é a instância que mais se vale dos mecanismos de defesa para lidar com a realidade.
d) Os mecanismos de defesa atuam como recursos psicológicos que protegem o ego de estímulos insalubres.
e) Os mecanismos de defesa são utilizados pelo ego para melhor lidar com as realidades exterior e interior do sujeito.

2. De acordo com Quiles (2001), a psicanálise faz suas análises levando em consideração o sintoma e a subjetividade do sujeito em relação a esse mesmo sintoma, procurando determinar sua origem. Nesse sentido, é correto afirmar:
   I) Geralmente, no que diz respeito ao comprometimento da psique, as psicoses são consideradas quadros mentais graves, ao passo que as neuroses são tomadas como quadros leves, que acometem sujeitos considerados "normais".
   II) Para Quiles (2001), em uma perspectiva psicodinâmica, os embates na neurose acontecem geralmente entre o ego e o id; na psicose, esses mesmos conflitos se dão entre o ego e a realidade externa.
   III) Alguns indícios comuns a todas as neuroses são: inibições inespecíficas, impotência, frigidez, inibição da agressividade, insônia.

IV) As neuroses foram descritas há mais de cinco mil anos por psicólogos existencialistas.

V) A neurose, em geral, leva o sujeito a perder sua energia, gastando-a em seus conflitos, o que faz com que ele se sinta cansado com muita frequência.

Assinale a alternativa que indica as afirmativas corretas:

a) Somente as afirmativas I, II, III, V estão corretas.
b) Somente as afirmativas I e IV estão corretas.
c) Somente as afirmativas II e III estão corretas.
d) Somente as afirmativas II, III e IV estão corretas.
e) Somente as afirmativas IV e V estão corretas.

3. Podemos afirmar que, para lidarmos com a realidade externa, os mecanismos de defesa são utilizados pelo(s):
a) id.
b) superego.
c) ego.
d) inconciente coletivo.
e) sonhos.

4. Assinale com V as afirmativas verdadeiras e com F as falsas:
( ) Um grande problema que o indivíduo tem de enfrentar são as maneiras de contornar a ansiedade, que normalmente tem como origem determinada tensão ou desprazer em um nível não aceitável para a psique, podendo surgir de eventos ou fenômenos reais ou imaginários. O fenômeno da ansiedade ocorre quando um estímulo negativo ao corpo ou à psique é incontornável, não podendo ser dominado ou aliviado.

( ) A sublimação direciona energias que poderiam ser destrutivas e as direciona para novas finalidades mais elevadas, ligadas à arte, à cultura e à intelectualidade. Por isso, a sublimação foi definida como uma defesa bem-sucedida, que contribui para a construção do que denominamos *civilização*.

( ) Não é o ego o principal responsável por dar conta das pulsões e do mundo exterior ao sujeito, valendo-se para isso, muitas vezes, de mecanismos de defesa.

( ) A formação reativa, que tem origem na infância, consiste em um mecanismo que "substitui comportamentos e sentimentos que são diametralmente opostos ao desejo real; é uma inversão clara e em geral inconsciente do desejo" (Fadiman; Frager, 2002, p. 21).

( ) De acordo Fadiman e Frager (2002, p. 23), o isolamento é "um modo de separar as partes da situação provocadora de ansiedade, do resto da psique. É o ato de dividir a situação de modo a restar pouca ou nenhuma reação emocional ligada ao acontecimento".

Agora, assinale a alternativa que indica a sequência correta:

a) V, V, V, V, V.
b) V, F, F, V, V.
c) F, V, V, V, F.
d) V, V, F, V, V.
e) V, F, F, F, V.

5. Relacione os itens a seguir com as afirmações correspondentes:
1) Racionalização
2) Projeção
3) Repressão
4) Regressão
5) Isolamento

( ) De acordo com Fadiman e Frager (2002), esse mecanismo está associado ao ato do sujeito de projetar (colocar em um alvo) conteúdos internos (qualidades, sentimentos ou intenções inerentes ao sujeito) em um objeto, indivíduo ou ser vivo. Trata-se do ato de atribuir a uma outra pessoa, animal ou objeto sentimentos ou pensamentos que são próprios do sujeito.

( ) A regressão é geralmente associada à frustração. Fenichel (2004) explica que, ao se deparar com determinada frustração, o indivíduo pode sentir saudades de outros tempos experienciados, de épocas em que as vivências eram melhores, de tipos anteriores de satisfação, mais completos.

( ) Fadiman e Frager (2002, p. 21) afirmam que a "repressão afasta da consciência um evento, ideia ou percepção potencialmente provocadores de ansiedade, impedindo, assim, qualquer solução possível. O elemento reprimido ainda faz parte da psique, apesar de inconsciente, e que continua sendo um problema".

( ) Para Fadiman e Frager (2002, p. 21), "a racionalização é o processo de achar motivos aceitáveis para pensamentos e ações inaceitáveis. E o processo através do qual uma pessoa apresenta uma explicação que é ou logicamente consistente ou eticamente aceitável para uma atitude, ação, ideia ou sentimento que emerge de outras fontes motivadoras".

( ) É um modo de separar as partes da situação provocadora de ansiedade do resto da psique. É o ato de dividir a situação de modo a restar pouca ou nenhuma reação emocional ligada ao acontecimento.

Agora, assinale a alternativa que indica a sequência correta:

a) 1, 5, 3, 4, 2.
b) 2, 4, 3, 1, 5.
c) 3, 5, 2, 4, 1.
d) 5, 4, 2, 1, 3.
e) 5, 4, 1, 2, 3.

Atividades de aprendizagem

Questões para reflexão

1. O comportamento caracterizado como negação ocorre quando o indivíduo se recusa a reconhecer determinado fato ou evento que desagrada seu ego. Algumas pessoas costumam deturpar certos fatos, afirmando categoricamente que aconteceram de forma diversa da relatada por outros, ou até mesmo atestando que não ocorreram. Esse

esforço imaginativo tem várias manifestações, e suas proporções podem surpreender observadores. Fadiman e Frager (2002, p. 20) apresentam a seguinte história para ilustrar a negação:

> Uma mulher foi levada à Corte a pedido de seu vizinho. Esse vizinho acusava a mulher de ter pego e danificado um vaso valioso. Quando chegou a hora da mulher se defender, sua defesa foi tripla: "Em primeiro lugar, nunca tomei o vaso emprestado. Em segundo lugar, estava lascado quando eu o peguei. Finalmente, Sua Excelência, eu o devolvi em perfeito estado".

A clínica indica como sintoma de negação mais recorrente a rememoração incorreta de fatos. A pessoa tem em suas memórias determinado acontecimento e o rememora de forma muito concreta; entretanto, em outro momento, o mesmo indivíduo traz à memória os eventos passados de maneira diferente e posteriormente se dá conta de que a primeira construção de suas lembranças nada mais era que uma iniciativa defensiva de sua psique. Que outros exemplos de negação você poderia apresentar?

2. Segundo Quiles (2001), a neurose obsessiva se verifica em razão de traços de caráter típicos como hesitação, escrúpulos, tendência à ordem, obstinação, ruminação mental, bem como em virtude do contato do indivíduo com sintomas denominados *compulsivos* (pensamentos de natureza obsessiva, compulsões e rituais). Ainda conforme Quiles (2001), as obsessões são pensamentos, construções

imagéticas ou palavras que surgem no raciocínio cotidiano da pessoa e que ela considera absurdos, ridículos ou obscenos; essas interferências parecem impostas, reiterando-se à sua revelia. Inutilmente, o indivíduo tenta debelar essas ideias, que persistem em ser objeto de preocupação, angústia e luta, dinâmica que demanda grandes quantidades de tempo e energia do sujeito. A pessoa obsessiva se vê às voltas com proibições de várias ordens, problemas absurdos, sentimentos de culpas impalpáveis e questionamentos irrelevantes. As obsessões são sintomáticas por sua arbitrariedade, reiteração e caráter impositivo e pela alienação que causa no sujeito em relação ao seu problema. Nas compulsões, o sujeito sente-se "empurrado" a fazer atos aos quais se opõe e que considera ridículos (como xingar na missa ou passar uma rasteira no chefe. Quiles (2001) afirma que os rituais são cerimoniais ou condutas estritamente regradas que o sujeito obriga-se a cumprir antes e depois de, por exemplo, dormir, comer, ir ao banheiro. Um exemplo são os rituais de limpeza, em razão dos quais a pessoa vive o tempo todo limpando. A neurose obsessiva é também denominada *transtorno obsessivo compulsivo* (TOC). Justifique por que a neurose obsessiva foi circunscrita a transtornos dessa natureza.

Atividade aplicada: prática

1. Observe seus comportamentos e a forma como seu ego lida com a realidade. Liste seus principais mecanismos de defesa e escreva sobre eles.

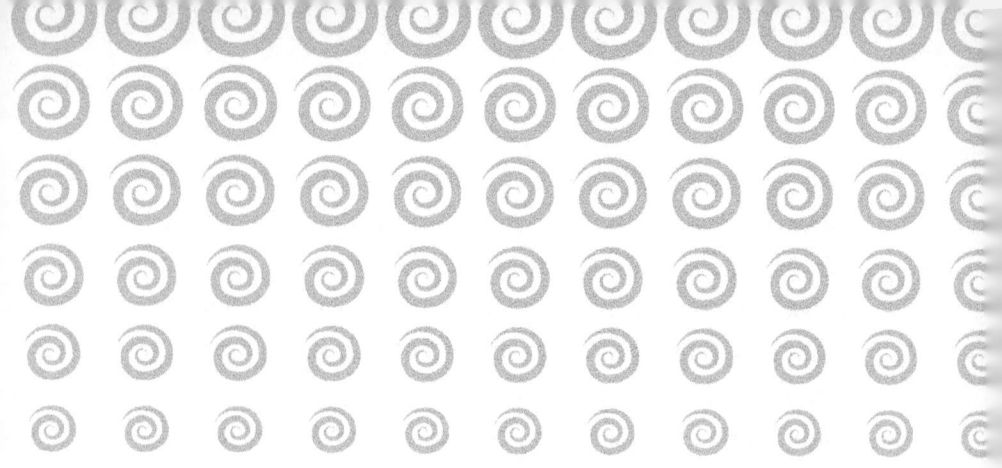

5
Desenvolvimento humano de acordo com a psicanálise

Quando pensamos pelo viés da teoria psicanalítica, o desenvolvimento humano remete à reflexão sobre os primeiros anos de vida, pois, no contexto da leitura que a psicanálise faz do ser humano, os anos iniciais são de extrema importância. Afinal, a personalidade como um todo forma-se no começo da vida. Em outras palavras, a maneira como vivenciamos as etapas oral, anal e fálica terá grande influência sobre nosso comportamento como adolescentes, adultos e idosos. Um aspecto importantíssimo nessa dinâmica é a vivência do complexo de Édipo, pois ele estrutura nossos desejos, nossas buscas.

5.1
Psicanálise e desenvolvimento humano

Em 1905, Freud lançou três grandes textos – *O chiste e sua relação com o inconsciente*, outro sobre um atendimento psicanalítico específico (o caso Dora) e *Três ensaios sobre a teoria da sexualidade*. Neste último, Freud afirmou que as crianças têm sexualidade, algo que na época chocou a comunidade acadêmica, pois a ideia que se tinha era da criança como assexuada. Entretanto, convém ressaltarmos que a sexualidade infantil, de acordo com o psicanalista austríaco, não é igual à sexualidade adulta, que é bastante voltada para a sexualidade genital, isto é, quando dois (ou mais) adultos estão num processo de interlúdio sexual, o que predomina é a relação caracterizada pela penetração da vagina pelo pênis, sendo essa manifestação da sexualidade chamada por Freud e psicanalistas de *genital*.

A sexualidade infantil apresenta manifestações diferenciadas, conforme a zona erógena pela qual a libido se desloca, podendo ser categorizada em três grandes fases, etapas ou estádios – oral, anal e fálica – à medida que a criança se desenvolve. Podemos pensar então que a sexualidade infantil difere da dos adultos em muitos aspectos: entre as especificidades da primeira, conforme Fenichel (2004), a que mais se destaca é não concentração da excitação nos genitais. Também se diferenciam na infantil os objetos, pois não levam necessariamente ao contato sexual, estando situadas em atividades que na sexualidade adulta estariam ligadas ao pré-prazer. A criança pequena é um ser instintivo, cheio de impulsos sexuais, que Freud chamou de *perverso polimorfo* (pois obtém prazer de múltiplas formas que não a sexual genital) – dizendo de outra maneira, repleto de uma sexualidade total ainda indiferenciada. Toda ordem de excitação que se produz na criança pode tornar-se fonte de excitação sexual – estímulos mecânicos, musculares, afetivos, intelectuais –, pois na sexualidade infantil a excitação e a satisfação não estão nitidamente diferenciadas. No devido tempo, os genitais passam a funcionar como aparelho especial de descarga de excitação.

Ainda de acordo com Fenichel (2004), a consolidação do ego não se dá uniformemente. Ao nascer, o ser humano passa a ser constantemente exposto, sem grandes defesas, a um sem-número de estímulos; além disso, é incapaz de distinguir a realidade que o cerca de si mesmo, problema que só é dirimido à medida que a infância se desenrola e advém a fase oral. Outrossim, no período imediatamente subsequente ao nascimento, a criança não faz ideia de suas proporções corporais.

Entretanto, nesse período é possível verificar a origem de dois elementos muito importantes para o desenvolvimento psicológico: o ego e o senso de realidade. Como explica Fenichel (2004), são dois aspectos de uma mesma etapa de desenvolvimento. Convém destacarmos que o conceito de realidade dá origem ao conceito de ego e que o **indivíduo só pode ser visto como tal por poder se ver como um ser distinto de outras pessoas.**

À medida que o ser humano se desenvolve, da infância até a maturidade, ocorrem mudanças marcantes em relação aos desejos e à satisfação dos anseios. A forma como acontecem essas gratificações é a base da descrição de Freud em relação às etapas de desenvolvimento. Como demonstraremos a seguir, ora a satisfação será oral, ora anal, ora fálica. Freud usa o termo *fixação*, segundo Fadiman e Frager (2002), para denominar uma migração inadequada de uma fase para outra, fenômeno que faz com que um indivíduo fique preso a uma fase anterior. Para Fadiman e Frager (2002, p. 12),

> Uma pessoa fixada numa determinada fase preferirá satisfazer suas necessidades de forma mais simples ou infantil, ao invés de lidar com a realidade de maneira mais adulta como seria num desenvolvimento normal. Por exemplo, pode preferir comer a ter sexo (fixação na etapa oral que veremos adiante).

De acordo com Assis (2012), Freud constatou, em suas investigações sobre as origens da neurose, uma manifestação de sexualidade em crianças (distinta da sexualidade adulta) na mais tenra idade. Graças às suas análises clínicas, Freud verificou o vínculo entre o desenvolvimento da personalidade da criança e do adolescente e as pulsões sexuais, ainda em transição em virtude do desenvolvimento da criança.

Freud (1905-1976), em *Três ensaios sobre a teoria da sexualidade*, afirma sobre a sexualidade infantil:

> Faz parte da opinião popular sobre a pulsão sexual que ela está ausente na infância e só desperta no período da vida designado da puberdade. Mas esse não é apenas um erro qualquer, e sim um equívoco de graves consequências, pois

> é o principal culpado de nossa ignorância de hoje sobre as condições básicas da vida sexual. Um estudo aprofundado das manifestações sexuais da infância provavelmente nos revelaria os traços essenciais da pulsão sexual, desvendaria sua evolução e nos permitiria ver como se compõe a partir de diversas fontes. (Freud, 1980i, p. 177)

Em seus estudos e observações, Freud verificou que crianças que mamam realizam certas ações, como sugar o dedo, mesmo depois de a fome ser saciada. A esse instinto – o de mamar para aplacar sua fome, que constitui uma primeira etapa do desenvolvimento da criança – Freud denomina *instinto de autoconservação*, que tem um objetivo (a necessidade de a fome ser dirimida pelo alimento) cuja satisfação não pode ser protelada. No caso do instinto sexual (que constitui a segunda etapa do desenvolvimento, em que a criança continua mamando apesar de já estar satisfeita), o objeto de prazer é inespecífico e prescinde de uma saciação imediata; nesse caso, o adiamento não traz nenhum prejuízo à criança. Nesse decurso do desenvolvimento, a sexualidade infantil se focalizará em fontes de prazer de forma difusa: ora oral, ora anal, ora genital, ora oral-genital. O coito, nesse período, resume-se ao nível simbólico, como autorreferência, ou seja, autoerótica. A sexualidade infantil é composta por pulsões parciais. Na fase adulta, é possível verificar a "primazia genital", na qual todos os componentes da área genital têm a potencialidade de focalizar a excitação, que antes estava fragmentada em outras regiões.

Em suas análises, Freud descobriu, de acordo com Kupfer (2004), que o desenvolvimento sexual humano pressupõe práticas perversas que posteriormente são reprimidas e direcionadas ao ato da procriação. "Exibicionismos, curiosidade dirigida aos órgãos genitais de seus companheiros, manipulações dos órgãos genitais, prazer da sucção, prazer ligado à defecção entre outros, configuram práticas perversas anotadas por Freud" (Kupfer, 2004, p. 40). Para o psicanalista austríaco, as perversões anteriormente citadas têm certas repercussões (existem sucções e manipulações no ato sexual "normal" que podem estar sujeitas às suscetibilidades da genitalidade, como o prazer orgástico ou a procriação). Ainda segundo Kupfer (2004, p. 40),

> As perversões adultas resultariam da permanência de uma dessas perversões infantis, que teria de certa maneira se recusado a cair sob os domínios da genitalidade. O *voyeur* (prazer em olhar cenas sexuais) do adulto por exemplo estaria fixado na primitiva curiosidade infantil de contemplação de seu companheiro com o agravante de só obter prazer dessa maneira.

Pense a respeito

Conforme Silva (2017, p. 29), *voyeurismo* vem do francês *voyeurisme*: "(fr. lit. 'o que vê') [...] etim. fr. voyeur (1740) 'pessoa que assiste a algo por curiosidade', (1883) 'pessoal que se excita ao ver a nudez ou o ato sexual de outrem'". O foco de prazer do voyeurista consiste na ação de olhar (espiar) pessoas. Exercido de forma obsessiva, o voyeurismo inevitavelmente redunda em perseguição do "alvo" observado (o indivíduo acometido dessa desordem pode ser denominado *stalker*).

A ação oposta ao voyeurismo é o exibicionismo (o gozo se encontra no ato de se exibir – normalmente exibir os genitais).

Como explica Kusnetzoff (1994), as etapas do desenvolvimento humano não obedecem a uma ordem precisa, pois elas se associam mutuamente. Nessa dinâmica, a genitalidade é o carro-chefe dos processos que a antecedem. A partir deste ponto do texto, trataremos dos principais estágios de desenvolvimento, quais sejam: oral, anal, fálica – na qual surge o complexo de Édipo, que estrutura o sujeito humano –, de latência e genital (adulta).

5.2
Estágio oral

No estágio oral, que tem origem no nascimento, o gozo concentra-se na boca, ou seja, toda a ligação da criança com a realidade que a cerca vincula-se à sua oralidade. Neste ponto, precisamos elencar as especificidades das pulsões (a energia que transita entre o corpo e a psique): esses estímulos têm destinos, que, segundo Freud, caracterizam-se por uma pressão, uma finalidade, um objeto e uma fonte:

> Por pressão [*Drang*] de um instinto compreendemos seu fator motor, a quantidade de força ou a medida da exigência de trabalho que ela representa. A característica de exercer pressão é comum a todos os instintos [...].

A finalidade [*Ziel*] de um instinto é sempre satisfação, que só pode ser obtida eliminando-se o estado de estimulação na fonte do instinto. Mas, embora a finalidade última de cada instinto permaneça imutável, poderá ainda haver diferentes caminhos conducentes à mesma finalidade última [...]. Podemos supor que mesmo processos dessa espécie envolvem uma satisfação parcial.

O objeto [*Objekt*] de um instinto é a coisa em relação à qual ou através da qual o instinto é capaz de atingir sua finalidade. É o que há de mais variável num instinto e, originalmente, não está ligado a ele, só lhe sendo destinado por ser peculiarmente adequado a tornar possível a satisfação. O objeto não é necessariamente algo estranho: poderá igualmente ser uma parte do próprio corpo do indivíduo.

Por fonte [*Quelle*] de um instinto entendemos o processo somático que ocorre num órgão ou parte do corpo, e cujo estímulo é representado na vida mental por um instinto. [...]. Embora os instintos sejam inteiramente determinados por sua origem numa fonte somática, na vida mental nós os conhecemos apenas por suas finalidades. (Freud, 1980g, p. 143)

Nessa dinâmica, a boca deve ser tomada como mero ponto de referências para uma experiência corporal mais ampla, que abrange simbolicamente desde o sistema digestório como um todo até órgãos sensoriais, como a pele e outros, com suas funções superficiais (tato) ou profundas (sensações proprioceptivas). Enxergar a boca sob essa perspectiva também pressupõe o momento em que bebê está no colo da mãe, em que a criança se sente totalmente envolvida e acolhida por uma enorme boca, já que, nesse período do desenvolvimento, não consegue distinguir os membros do corpo e seus limites. Além disso, o bebê não consegue processar detalhadamente os estímulos e suas particularidades. Nesse caso, a criança trata tudo ao seu redor como alimento (Kusnetzoff, 1994).

O objeto da etapa oral é o **seio** (o seio materno e os aspectos relacionados a ele). Obviamente, estamos tratando do seio como algo mais amplo: os braços maternos que envolvem a criança e a protegem, associados à voz da mãe, ao momento da amamentação etc. Essa ligação entre o seio da mãe e a boca da criança é uma extensão da ligação entre o feto e a mãe; portanto, o seio toma o lugar do cordão umbilical, mas, de acordo com Kusnetzoff (1994), trata-se de um vínculo descontínuo, apesar de concreto. Nesse estágio, a restituição da ligação e da simbiose biológica intrauterina perdidas após o nascimento é fantasiada. A finalidade pulsional, conforme Kusnetzoff (1994), é a seguinte: o leite para a subsistência (pulsão de autoconservação) é um *plus* (algo a mais) de satisfação sexual (pulsão sexual).

O psicanalista Karl Abraham (citado por Kusnetzoff, 1994, p. 31-32) subdivide a oralidade em dois subperíodos: **oral primário**, ou de sucção, e **secundário**, ou canibalístico. Vejamos a seguir uma descrição do primeiro:

> se estende até os 6 meses de idade, aproximadamente. É também conhecido pelos nomes de fase pré-ambivalente, estágio narcísico-primário ou estágio anaclítico. Este subperíodo tem as seguintes características:
>
> – predominância da incorporação proveniente do mundo externo sob a liderança das necessidades biológicas de autoconservação;

- a satisfação autoerótica como substituto compensatório nos momentos em que o objeto outorgante da satisfação não está presente;

- tal como já foi dito anteriormente, existe uma indiferenciação no íntimo do neném entre ele próprio e qualquer outra coisa que se encontre no mundo exterior. Simplificando ele ainda acredita encontrar-se no útero;

- uma característica muito discutida por diversos autores: a ausência de amor e de ódio propriamente ditos. Quer dizer, neste primitivíssimo período do desenvolvimento, não há dúvida de que existem os assim chamados afetos, mas titulá-los de Amor e de Ódio, como o faz, por exemplo, Melanie Klein, seria adultificar e, portanto, deformar um processo, retirando características que lhe são próprias.

Já quanto ao período oral secundário ou canibalístico, Abraham (citado por Kusnetzoff, 1994, p. 32) faz a seguinte descrição:

> Estágio oral secundário ou canibalístico – este estágio, que transcorre no decorrer do segundo semestre do primeiro ano de vida, é caracterizado pelo aparecimento dos dentes, daí o nome de canibalístico. Nessa época a criança se vincula pela primeira vez com o mundo exterior, mordendo. A incorporação dos objetos agora é predominantemente sádica, destrutiva, e o objeto incorporado é vivido dentro do aparelho psíquico primitivo e ainda rudimentar da criança como mutilado, atacado, no sentido descritivo.

Convém destacarmos que esse estágio pode ter repercussões na vida adulta, nos casos de depressão e melancolia.

Para refletir

Você sabe o que significa *narcisismo*? Visto por muitos psicanalistas como vinculado à etapa oral, o termo tem origem em um mito grego, no qual Narciso, jovem belo e indiferente ao amor, era alvo da paixão de todos. Ao olhar suas feições no reflexo das águas de um lago, o filho do rio Cefiso e da ninfa Liríope apaixonou-se por si mesmo e, ao tentar abraçar sua própria imagem, caiu no lago e afogou-se. Conceito importante na teoria psicanalítica, o narcisismo indica que o sujeito tem sua libido direcionada para si próprio.

Neste ponto do texto, precisamos nos aprofundar no conceito de **objeto**, que, na psicanálise, pressupõe, entre outros sentidos, a pessoa à qual a criança (ou mesmo o adulto) se vincula; em outras palavras, designa o objeto no qual o sujeito deposita energia afetiva. No caso do estágio oral, o objeto diz respeito, além das muitas formas de arranjo dos objetos internos e externos do sujeito, ao modo como esses objetos contribuem para a formação da conduta do indivíduo. Na etapa oral, esse objeto, que é o primeiro com o qual o ser humano estabelece relacionamento, refere-se à figura materna (Kusnetzoff, 1994).

Para Kusnetzoff (1994, p. 33), "A mãe deve ser entendida como uma função: mãe é todo ser humano que alimente o neném e lhe proporcione calor, sustentação espacial, contato dérmico, estímulos auditivos etc.". Portanto, a figura materna pressupõe funções que qualquer pessoa pode realizar.

Bleichmar (citado por Cecatto, 2008) explica que, ao acariciar o bebê, ao envolvê-lo, ao dar atenção a ele no momento da amamentação, a mãe oferece ao bebê formas alternativas de satisfação de determinados anseios pulsionais. Em outras palavras, "o bebê adquire a representação totalizante através do narcisismo egoico da mãe, que permite que a pulsão, intrusiva e atacante, encontre de início formas de ligação por vias colaterais" (Bleichmar, citado por Cecatto, 2008). Portanto, conforme Cecatto (2008), podemos afirmar que é o contato e a vivência com a mãe que permite ao bebê construir-se como ser humano, experiência possibilitada somente por meio da relação com outro ser humano (a mãe). Nessa trajetória, a criança torna-se tolerante ao adiamento de suas demandas, auxiliada pelo princípio da realidade que adquire por meio da mãe. Se essa dinâmica não ocorre a contento, o bebê é vítima de uma dor constante, pois ela só dispõe de suas impressões relacionadas ao prazer-desprazer e, portanto, não suporta que seus desejos não sejam prontamente atendidos.

De uma perspectiva lacaniana, o bebê ocupa o lugar do Outro primordial na dinâmica materna. O desejo fará com que a mãe consolide uma existência futura para seu bebê; essa realidade ainda não existe, mas será construída justamente porque foi preconcebida. Por meio de suas ações direcionadas à criança, "a mãe desenha o mapa libidinal que recobre o corpo do bebê" (Kupfer, 2000, citada por Cecatto, 2008).

Citado por Cecatto (2008), Jerusalinsky (2012) afirma que a amamentação pressupõe um círculo virtuoso no qual mãe e filho são influenciados de formas múltiplas: em um vínculo caracterizado pela proximidade, a mãe oferece o seio para o filho, enquanto este se sente satisfeito pela sucção, ação que repercute física e psicologicamente sobre a mãe.

A maternidade, ainda de acordo com Jerusalinsky (2012), é estabelecida pela oferta do leite, ato que será ressignificado com o decorrer da interação entre mãe e filho.

A criança recebe inúmeros estímulos por meio da visão e da audição; em virtude de essas experiências ocorrerem de forma fragmentada, elas são denominadas *parciais* e *não unificadas*. No início de sua vida, a criança tem uma consciência calcada basicamente em sua fisiologia, que, por sua vez, é condicionada por estímulos tensores e relaxantes. Portanto, o bebê enxerga a realidade à sua volta nos seguintes termos: ela é tensa e sem prazer ou relaxante e prazerosa. Nessa dinâmica, os objetos parciais constituem-se na soma de recortes de fragmentos relacionados basicamente com o que convencionamos denominar *mãe* e de partes das próprias sensações corporais, já que o bebê ainda é incapaz de discernir o que é seu e o que é de outrem.

Como chegamos ao mundo sem qualquer tipo de proteção, sem o auxílio de um responsável por nossos cuidados, morreríamos logo após o nascimento. Esses cuidados colocam o humano recém-nascido "à mercê" da realidade que o cerca, o que significa que a humanização só pode ser empreendida por um ser humano.

Tendo esse fato em mente, Kusnetzoff (1994) aponta uma contradição fundamental na construção do ser humano: a independência necessariamente será precedida pela dependência; tempos mais tarde, o ser humano precisará livrar-se dos vínculos dessa dependência para se tornar independente. Entretanto, se pensarmos que o prefixo *in-* da palavra *independência* indica literalmente "incorporação", "interiorização", os vestígios da dependência nunca poderão ser definitivamente purgados.

No momento da amamentação, os atos de olhar para o bebê e conversar com ele são fundamentais para a consolidação do psiquismo infantil. Por ser capaz de tornar uno o corpo do bebe, o olhar humaniza; a voz, por sua vez, atua como base simbólica, conferindo à criança um lugar e iniciando uma narrativa que será posteriormente recuperada e transformada pela criança. Por isso, no estágio oral, a boca é a ponte que liga o bebê à realidade. Na amamentação, a criança faz muito mais que se alimentar – ela também se serve da mãe que olha para ele, conversa com ele e o ama. Nesse período, a interação entre mãe e filho pressupõe uma forma de incorporação, pois a criança se "nutre" dela (Zornig, 2008).

Quadros (2009) explica que, no desenvolvimento humano, muitos objetos que instituem o sujeito humano perdem-se pelo caminho. Poderíamos chamá-los, de acordo com Lacan, de "objeto a" (objeto pequeno "a"): quando perdidos, não são mais reencontrados, embora sejam buscados pelo ser humano no decorrer de sua existência; é como um buraco que não pode ser fechado. Os objetos perdidos mais importantes no processo do desenvolvimento são: o seio, as fezes, o olhar, ou mirada, e a voz.

Assoun (1999, p. 91) afirma que o olhar designa a função própria do objeto "a" (que veremos mais adiante no capítulo sobre Lacan): "Antes mesmo que eu me 'veja' no espelho, já sou olhado, deixado ao poder do visível, sitiado e descoberto, exposto ao olhar do Outro". Aí se sustenta a pré-história do espelho. Existe já no mundo algo que era antes de haver um olho para vê-lo.

O estágio ou fase do espelho, para Lacan, de acordo com Laplanche e Pontalis (2001), consiste no período de 6 a

18 meses em que a criança, fundamentalmente dependente no aspecto físico, teme que seu corpo seja cerceado. Esse estágio é a base para a construção do ego, no qual o olhar da mãe tem importância fundamental na constituição do indivíduo.

Cabe destacarmos que, ao nascermos, temos de dar um imenso mergulho, um mergulho cultural – em algo que está além do indivíduo –, um mergulho no mundo das representações sociais imaginárias ou simbólicas. Ao darmos esse salto, aprendemos tudo o que existia anteriormente da humanidade, pois o simbólico, ou a linguagem em especial (embora sejam indissociáveis), nos é transmitido pelos que nos rodeiam (família, em geral) e que ocupam ou venham a ocupar papéis ou lugares significativos, sendo então agentes transmissores da cultura.

5.3
Estágio anal[1]

Conforme Laplanche e Pontalis (2001), o estágio anal encontra-se na faixa dos 2 aos 4 anos. A zona erógena anal tem preponderância nesse período, ou seja, a relação de objeto vincula-se à defecção (expulsão-retenção) e ao valor simbólico das fezes.

---

1 Esta seção foi elaborada com base em Kuznetzoff (1994).

De acordo com Fadiman e Frager (2002, p. 13),

> Entre dois e quatro anos, as crianças geralmente aprendem a controlar os esfíncteres anais e a bexiga. A criança presta uma atenção especial à micção e à evacuação. O treinamento da toalete desperta um interesse natural pela autodescoberta. A obtenção do controle fisiológico é ligada à percepção de que esse controle é uma nova fonte de prazer. Além disso, as crianças aprendem com rapidez que o crescente nível de controle lhes traz atenção e elogios por parte dos pais.

O início do segundo ano de vida do bebê marca, segundo Fiori (1981), as primeiras incursões na busca pelo domínio de si e na interação com aqueles que o cercam. O autor afirma que nessa fase as atividades físicas se tornam cada vez mais constantes e intensas: os primeiros passos são ensaiados, o equilíbrio sobre as duas pernas é relativamente alcançado e, aos 3 anos de idade, as primeiras corridas se iniciam. Kusnetzoff (1994, p. 39) explica que

> No segundo e terceiro ano de vida a criança progressivamente vai afastando-se dos pais, desenvolvendo algumas funções como: engatinhar e andar, a linguagem, o progressivo aprendizado de funções fisiológicas que requerem controle motor: comer sozinho (sem ajuda de terceiros) e controle esfincteriano.

O foco pulsional no período anal seria o seguinte: mesmo que as funções do aparelho excretor sejam desenvolvidas desde a mais tenra idade, sua relação com a libido passará a existir quando as condições físicas da criança estiverem mais amadurecidas, em termos neurofisiológicos, e seu entorno ressaltar que a musculatura voluntária deve ser o foco do desenvolvimento. Fadiman e Frager (2002, p. 41) esclarecem: "Este estágio se denomina anal porque o ato de defecação ocupa um lugar importantíssimo no desenvolvimento da criança; porém não se resume apenas no controle esfincteriano. Este serve de modelo para o controle motor em geral, sensações de domínio, prazer na expulsão ou retenção etc.".

A fonte de prazer no estágio anal se encontra na mucosa ano-retal, cujas sensações estão ligadas a uma demanda importante da autoconservação humana: a retirada de resíduos indigeríveis do organismo. Para Kusnetzoff (1994, p. 36),

> poderíamos dizer que o ânus será uma nova zona erógena, enquanto separa e une dois mundos, em dois movimentos diferentes. O mundo exterior, que no estágio oral era representado pelo peito e que, como já vimos, a criança não distingue nem diferencia, passa agora a ser nitidamente discriminado como elemento distinto do mundo inteiro.

A distinção entre esses dois "mundos" – o conteúdo das fezes, que, na percepção da criança, transforma-se em conteúdo interno que deve ser exteriorizado – é responsabilidade do esfíncter anal.

O estágio anal caracteriza-se por um objeto mais facilmente verificável. Entretanto, convém ressaltarmos que a etapa anal não ocorre de forma isolada; essa perspectiva só tem validade para fins acadêmicos. A etapa oral atua em conjunto com ela, ativa, mas em segundo plano no que diz respeito às demandas do desenvolvimento. Portanto, obviamente, a etapa anal tem suas especificidades, mas, na prática, elas só fazem sentido em um *continuum* com as características da etapa anterior. Nesse contexto, a figura materna ainda é fundamental para a criança; no entanto, a mãe é um objeto total – a alimentação torna-se mais uma atribuição entre outras, pois a mãe passa e dar ênfase às ações da criança (controlar esfíncteres, dominar seus músculos, interagir com seu entorno etc.). A figura da mãe passará a ser os elementos exteriores que tentarem manipular a criança, e vice-versa. Nessa transição, a manipulação das fezes é um ponto de referência.

As investigações psicanalíticas exploraram de início a interação de indivíduos acometidos de obsessões com objetos reais e pensamentos, tomando-os como "bolos fecais", que devem ser retidos, expulsos ou encarados como recurso para a satisfação. De acordo com Kusnetzoff (1994, p. 41), "Assim o ruminar obsessivo de um pensador qualquer tem sua origem e modelo na capacidade de controlar a musculatura esfincteriana". O bolo-fecal passa a ser visto como um objeto intermediário entre a criança e o mundo exterior, sendo um herdeiro do peito e precursor do pênis no desenvolvimento psicossexual.

Há algumas relações que o indivíduo pode estabelecer com as fezes. Vejamos algumas delas a seguir.

5.3.1
Bolo fecal

O bolo fecal é tido como um elemento de satisfação da mucosa ano-retal. O prazer advém inicialmente da sensação física ou da experiência cognitiva, ou de ambas. O bolo fecal sai da criança, desprendendo-se dela em definitivo; além disso, ocorre um transição importante: no estágio oral, o movimento da criança é centrípeto em razão do seio (isto é, voltado para ela própria); com as fezes, o movimento é centrífugo (verifica-se a expulsão de conteúdos internos). Portanto, o bolo fecal possibilidade que o indivíduo crie uma distinção entre o que é interno e o que é externo.

Nesse processo, o temor da devoração inerente à fase oral passa por transição na fase anal para o temor de ser privado do conteúdo corporal. De forma simbólica, esse medo pressupõe o arrancamento, a violência e, sobretudo, o esvaziamento. Kusnetzoff (1994, p. 37) explica:

> O bolo fecal vai representar um valor de troca entre a criança e o mundo exterior. Eis aqui o substrato do que Freud disse: fezes = presentes que se oferecem ou se recusam e igual a dinheiro. O valor tem suas raízes na fase anal mediante as maneiras pelas quais as fezes foram valorizadas ou desvalorizadas.

5.3.2
Finalidade pulsional

Sobre a pulsão ligada ao estágio anal, Abraham, citado por Quadros (2009), indica duas etapas: fase anal expulsiva e fase anal retentiva. Na primeira, a satisfação ocorre das seguintes formas:

- pela via **fisiológica** (estímulos prazerosos na área ano-retal no momento da eliminação das fezes) – prazer autoerótico;

- pela via **social**, que tem base na primeira e confere relevâncias às funções excretoras, bem como aumenta o foco da criança nessas ações e em seus significados acessórios: puxar, empurrar, fazer esforço – despir-se de um estímulo sensor;
- pela via **contingente**, relacionada à inserção de medicamentos na área anal.

A fase anal expulsiva apresenta dois aspectos fundamentais: o **autoerotismo** e o **aspecto sádico** – a dupla origem do sadismo na fase anal. A ação de defecção e as fezes propriamente ditas apresentam pouca importância para a criança, que por isso as despeja do corpo (as fantasias relacionadas a descrédito e desprezo têm suas repercussões nesse ato). Para Kusnetzoff (1994, p. 44), "O outro aspecto do sadismo está ligado a diversos fatores sociais, que ensinam a criança a instrumentalizar esta propriedade fisiológica expulsiva para desafiar a autoridade dos pais, que querem exatamente o contrário: ensiná-lo a reter, a se limpar, a ser 'educado'".

Na segunda fase anal, ou fase retentiva, o foco da satisfação reside em reter as fezes. O princípio do prazer é o mesmo nos dois estágios citados, embora funcionem de formas diversas. Conforme Kusnetzoff (1994, p. 38),

> Duas vertentes psicopatológicas estão associadas à etapa anal – o sadismo e o masoquismo, com seu sentimento de poder, noção de propriedade privada – a noção de posse, os sentimentos de onipotência e de superestimação narcísica. Outras situações ligadas a essa etapa são a bi e homossexualidade; a atividade e passividade, bem como o narcisismo anal.

O estágio anal relaciona-se a um comportamento neurótico ligado a vários aspectos de organização, que, por sua vez, vão ao encontro de um apego à sujeira e seus significados colaterais que deveriam ser incompatíveis com o corpo. Kusnetzoff (1994, p. 38) explica:

> As ligações entre os complexos do apego ao dinheiro e à defecação, aparentemente tão diversos, afiguram-se as mais extensas. Já os primeiros analistas sabiam que os casos mais antigos e rebeldes daquilo que é descrito como constipação podem ser curados em neuróticos por essa forma de tratamento, fato menos surpreendente, diz-nos Freud, se recordarmos que essa função se mostrou tratável pela sugestão hipnótica.

5.4
Estágio fálico

Na etapa fálica, posterior ao estágio anal, segundo Laplanche e Pontalis (2001), o foco das pulsões se encontra sob a dominância da genitália. Entretanto, ao contrário do que ocorre na adolescência, a criança (tanto do sexo masculino quanto do feminino) reconhece apenas o pênis como órgão. A distinção dos sexos, nesse caso, é feita pela distinção fálico-castrado. Consiste no momento mais importante do complexo de Édipo, bem como o início de sua decadência.

Aproximadamente aos 3 anos, as etapas de desenvolvimento anteriores passam para um segundo plano, participando da estrutura psicossexual da criança, quando tem início a etapa fálica. Nesse sentido, Kusnetzoff (1994, p. 45) esclarece:

> Neste estágio os órgãos genitais serão alvo da concentração energética pulsional, enfileirando-se todas as outras pulsões anteriores e parciais sob seu comando. O que conta, como o nome do estágio indica, é o órgão anatômico masculino; que adquire o monopólio de ser o único valor de existência tanto para o menino, que realmente o possui, quanto para a menina, que dele carece.

Freud (2001, p. 233-234), em seu livro *A interpretação dos sonhos*, sintetiza a peça de Sófocles a respeito do Édipo, sobre a qual veio a criar a teoria do Complexo de Édipo:

> Édipo, filho de Laio, Rei de Tebas, e de Jocasta, foi enjeitado quando criança porque um oráculo advertira Laio de que a criança ainda por nascer seria o assassino de seu pai. A criança foi salva e cresceu como príncipe numa corte estrangeira, até que, em dúvida quanto a sua origem, também ele interrogou o oráculo e foi alertado para evitar sua cidade, já que estava predestinado a assassinar seu pai e receber sua mãe em casamento. Na estrada que o levava para distante do local que ele acreditava ser seu lar, encontrou-se com o Rei Laio e o matou numa súbita rixa. Em seguida dirigiu-se a Tebas e decifrou o enigma apresentado pela Esfinge que lhe barrava o caminho. Por gratidão, os tebanos fizeram-no rei e lhe deram a mão de Jocasta em casamento. Ele reinou por muito tempo com paz e honra, e ela que, sem que ele o soubesse, era sua mãe, deu-lhe dois filhos e duas filhas. Por fim, então, irrompeu uma peste

e os tebanos mais uma vez consultaram o oráculo. É nesse ponto que se inicia a tragédia de Sófocles. Os mensageiros trazem de volta a resposta de que a peste cessará quando o assassino de Laio tiver sido expulso do país.

[...] Estarrecido ante o ato abominável que inadvertidamente perpetrara, Édipo cega a si próprio e abandona o lar. A predição do oráculo fora cumprida.

Durante o estágio fálico, de acordo com Fadiman e Frager (2002), meninos e meninas estão às voltas com inúmeras dúvidas de ordem sexual. A menina passa por um período de angústia por pressentir que falta uma parte que deveria ser sua. O menino, por sua vez, teme a possibilidade de se ver privado de uma parte sua que "ganhou" no nascimento. Com relação ao meninos, o complexo de Édipo se desenvolve simbolicamente como na peça de Sófocles: sem saber da identidade de seu pai, Édipo o assassina e, posteriormente, esposa sua mãe. Ao saber da tragédia da qual foi responsável, o então rei de Tebas mutila a si mesmo, cegando-se.

Freud acreditava, conforme Fadiman e Frager (2002), que o menino emula internamente a trajetória de Édipo: por desejar a mãe sexualmente, o menino entende que deve assassinar o pai para ter êxito. Ao mesmo tempo, vê na figura do pai uma ameaça de castração e, consequentemente, de sua conversão em um ser inócuo. Essas angústias – temer ser castrado, ter medo do pai e amá-lo e ansiar por possuir a mãe – não podem de forma alguma ser plenamente solucionadas. Tanto que o primeiro dever do superego emergente é justamente enterrar esse complexo no subconsciente, de modo que o sujeito sequer cogite pensar nessa dinâmica.

No caso feminino, a castração age como uma porta de ingresso no complexo edipiano: percebendo-se como castrada, a menina direciona o amor à figura do pai. Além disso, a percepção da castração causará interferências na autoimagem da criança, fenômeno que fará com que se sinta inferiorizada em relação ao seu corpo e à sua genitália. No início desse processo, a menina passa por uma perda simbólica de um suposto pênis, privação causada (na imaginação da criança) pela mãe. Culpando a mãe por essa frustração, a menina liga-se ao pai. Para ingressar no complexo de Édipo, a criança do sexo feminino precisa depreciar a figura materna, mudando seu objeto de foco. Uma vez vinculada ao pai, a menina já não mais anseia por um pênis, mas por um filho.

Há um "fantasma" associado à vida de todo ser humano e que o estrutura, cujo nome é Édipo. O indivíduo que encarou sua castração, sem dúvida, também precisou encarar essa estrutura, por mais que não possa solucioná-la de todo. Quadros (2017, p. 104), ao escrever sobre a repetição das etapas do desenvolvimento, explica:

> O que podemos depreender da questão edipiana é que o sujeito humano nunca resolverá completamente seu complexo de Édipo, já que para a psicanálise o ser humano, após a passagem por esses três estágios de desenvolvimento, irá inconscientemente repeti-lo no decorrer de sua existência, mudando os cenários e personagens. O complexo de Édipo é uma estrutura, uma organização central e alicerçadora da personalidade. Talvez a mulher, ao ter um filho ilusoriamente, terá a sensação de resolução de seu Édipo.

Alguns eventos importantes acontecem nessa etapa, como o desenvolvimento da curiosidade infantil, que, na leitura psicanalítica, remete à curiosidade sobre a sexualidade, isto é, a criança observa pelo seu próprio corpo, por obras de arte etc. que existe uma diferença sexual anatômica, o que gera curiosidade sobre a sexualidade e que é o protótipo de toda investigação, até mesmo científica, que o sujeito desenvolverá futuramente. Embora não seja o foco de nosso estudo, nessa etapa acontecem também os famosos porquês da teoria piagetiana (sabe-se que Piaget leu Freud).

5.5
Latência, adolescência e vida adulta

Após a etapa fálica (edipiana), o desenvolvimento humano, por volta dos 6 ou 7 anos de idade, passa por uma fase de latência, em que tudo o que foi vivenciado anteriormente é recalcado, etapa que coincide com a escolarização e a socialização extrafamiliar. São características dessa fase a construção da autoestima e do valor social e a competição nos jogos com regras.

A consolidação do desenvolvimento da mente e do corpo do indivíduo ocorre no início da adolescência e com o direcionamento das forças libidinais à área dos órgãos sexuais. A adolescência masculina e feminina se caracteriza por uma consciência da identidade sexual e pela demanda de meios de satisfação de suas necessidades eróticas e de interação.

Nesse estágio há uma recuperação de pulsões da infância inicial; entretanto, o indivíduo pode se satisfazer por meio do sexo. Como demonstramos anteriormente no Capítulo 2, a adolescência é um construto (uma construção social) da modernidade que remete a um ser de passagem e a um fenômeno que ocorre nas famílias, independentemente da configuração que tiverem (pais presentes, ausentes, separados etc.). A adolescência também diz respeito a situações de crise pelas quais o sujeito terá de passar para entrar na idade adulta. Em geral, esses conflitos estarão ligados ao que foi dito anteriormente – à repetição das etapas iniciais da vida sem percebê-las, pois residem no inconsciente, gerando embates.

Reforçando o que já explicamos no capítulo sobre a adolescência: trata-se de um período que, segundo Muller (1988), se concentra em determinadas demandas – identidade própria, trabalho e estudo. A adolescência é uma trajetória na qual o indivíduo passa a codificar a realidade à sua volta, com o apoio das percepções de grupos de pertencimento, e todas as suas impressões acerca do mundo que o rodeia devem ser fruto dos próprios julgamentos, e não de determinações externas. À medida que se desenvolve e interage com determinados valores e constrói a própria visão da família a que pertence, o indivíduo internaliza inconscientemente esses elementos e faz deles seu recurso de defesa e definição de caráter; esses elementos o acompanharão no decorrer de sua vida.

Nesse panorama, o adolescente ainda tem de lidar com uma série de mudanças: o indivíduo percebe que já não está mais ligado à infância; torna-se relativamente mais estável; não tem mais clareza de suas atribuições e das contribuições de outros em relação às suas próprias demandas; vê-se diante da necessidade de ingresso no mundo adulto, que muitas vezes lhe parece distante e hostil, pois o acesso não lhe é facilitado em aspecto algum. Além disso, a adolescência representa uma série de perdas com as quais o sujeito terá de lidar: o corpo infantil já não mais existe; os papéis e as expectativas bem definidos da infância deixam de existir; a relação de criança com os pais já não é mais uma realidade.

Da perspectiva do exercício da sexualidade e conforme a leitura psicanalítica, a etapa adulta diz respeito à sexualidade genital, desenvolvida entre duas pessoas adultas (do mesmo sexo ou de sexos diferentes). De forma geral, a fase adulta representa solidez, num cenário que normalmente pressupõe a inserção e a estabilização no mercado de trabalho, o casamento e a criação de filhos, bem como a busca pelo alívio de tensões e preocupações inerentes a esse período.

Síntese

A trajetória do desenvolvimento humano exige que a psicanálise a considere desde a mais tenra idade, pois os anos iniciais são fundamentais nesse processo. A experiência individual com as etapas oral, anal e fálica são determinantes para a constituição psíquica, que se desenrolará por toda a vida.

A amamentação é um fenômeno importantíssimo: da sucção para a satisfação da fome (instinto de autoconservação – demanda que não pode ser adiada) até o ato de mamar sem um objetivo específico (instintos sexuais – demanda que não exige satisfação imediata).

Com relação à sexualidade infantil, descoberta por Freud, podemos destacar a variabilidade de seu foco: deslocando-se alternadamente para as etapas oral, anal, genital e oral-genital. No primeiro caso, que ocorre logo após o nascimento, o foco das pulsões está vinculado à boca; em outras palavras, a oralidade é o meio pelo qual o bebê percebe a realidade que o envolve. Nesse caso, de acordo com Kusnetzoff (1994, p. 33), a "mãe deve ser entendida como uma função: mãe é todo ser humano que alimente o neném e lhe proporcione calor, sustentação espacial, contato dérmico, estímulos auditivos etc.". Tais atribuições podem ser realizadas por qualquer responsável.

Desenvolvida entre os 2 e os 4 anos, a fase anal é determinada pelo foco do prazer da criança na área anal pela relação de objeto e suas significações referentes ao ato de defecar (tanto expulsar quanto reter as fezes) e às fezes. Segundo Fadiman e Frager (2002), com o domínio dos esfíncteres anais e da bexiga, o foco de interesse das crianças pela micção e pela evacuação se torna mais intenso. Os cuidados com a higiene fazem com que a criança preste mais atenção em si; o controle sobre os músculos do esfíncter vincula-se à percepção de que esse domínio traz um novo tipo de satisfação.

Por volta do terceiro ano de vida, os estágios oral e anal são sucedidos (abandonados) e tem início o estágio fálico (edipiano):

Superada a etapa fálica, o indivíduo ingressa, por volta dos 6 ou 7 anos de idade, o estágio de latência, caracterizado pelo recalque das experiências nos estágios anteriores. Essa etapa ocorre em paralelo com a etapa da escolarização e da socialização extrafamiliar. Esse estágio caracteriza-se pela construção da autoestima e do valor social e pela competição nos jogos com regras.

Na vida adulta, a sexualidade é genital (quando o que se busca é o sexo, e não suas variantes). Nesse período, o indivíduo se vê às voltas com contratos sociais e demandas relacionadas à estabilidade empregatícia e familiar e a uma estagnação da vida social.

Atividades de autoavaliação

1. Sobre o desenvolvimento para a psicanálise, podemos afirmar que a trajetória do desenvolvimento humano exige que a psicanálise a considere desde a mais tenra idade, pois os anos iniciais são fundamentais nesse processo. A experiência individual com as etapas oral, anal e fálica são determinantes para a constituição psíquica, que se desenrolará por toda a vida. A personalidade como um todo forma-se no começo da vida, o que significa a possibilidade da aplicação de conhecimentos da psicologia às práticas educativas. Com relação a essa informação, avalie as afirmativas a seguir sobre o desenvolvimento do ser humano e suas etapas:
    I) Acontece em etapas à medida que o sujeito humano vai se desenvolvendo.
    II) As etapas principais são: oral, anal, fálica e latência.
    III) O ser humano é condicionado pelo meio, não interessando a subjetividade e a afetividade.
    IV) O ser humano nasce desprotegido, desavorado. Se não dispuser de ajuda externa para protegê-lo, alimentá-lo, socorrê-lo, dificilmente sobreviverá. Esse papel é realizado pela mãe, vista aqui como

função – aquela ou aquele que cuidará para que o bebê se desenvolva, independentemente de ser sua mãe biológica ou não.

v) As diferentes maneiras como a criança organiza seus objetos externos ou internos estão diretamente relacionadas à sua vinculação com a mãe.

Assinale a alternativa que indica as afirmativas corretas:

a) Somente as afirmativas I, II, III estão corretas.
b) Somente as afirmativas I, IV estão corretas.
c) Somente as afirmativas II e III estão corretas.
d) Somente as afirmativas II, III e IV estão corretas.
e) Somente as alternativas I, II, IV e V estão corretas.

2. Logo ao nascer, a criança se vê como algo indistinguível da mãe. O que isso significa?
a) Que ela dá pouca atenção à mãe.
b) Que ela só pensa em dormir.
c) Que percebe o mundo como se ela e sua mãe fossem uma só coisa.
d) Que ela só quer saber de chorar, indiferente ao que sua mãe sente.
e) Que não existe nenhuma vinculação inicial com a mãe.

3. Relacione os itens a seguir com as afirmações correspondentes:
1) Latência
2) Etapa oral
3) Etapa fálica
4) Etapa anal
5) Etapa genital

( ) Nesse estágio, que tem origem já no nascimento, o gozo concentra-se na boca, ou seja, toda a ligação da criança com a realidade que a cerca vincula-se à sua oralidade.
( ) É a segunda fase da evolução da libido, que podemos situar entre os 2 e os 4 anos.
( ) Consiste no momento mais importante do complexo de Édipo, bem como o início de sua decadência. Aproximadamente aos 3 anos, as etapas anteriores são postas em segundo plano, sendo assimiladas pela estrutura psíquica do indivíduo.
( ) Superada a fase fálica (edipiana), aproximadamente aos 6 ou 7 anos de idade, o indivíduo passa a essa fase, caracterizada pelo recalque de todas as experiências das etapas anteriores, estágio ocorre paralelamente à escolarização e à socialização extrafamiliar.
( ) É a vida sexual adulta.

Agora, assinale a alternativa que indica sequência correta:

a) 1, 3, 5, 4, 2.
b) 2, 4, 3, 1, 5.
c) 3, 5, 2, 4, 1.
d) 4, 2, 5, 1, 3.
e) 5, 4, 2, 3, 1.

4. Assinale com V as afirmativas verdadeiras e com F as falsas:
( ) "A mãe deve ser entendida como uma função: mãe é todo ser humano que alimente o neném e lhe proporcione calor, sustentação espacial, contato

dérmico, estímulos auditivos etc." (Kusnetzoff, 1994, p. 33). Essas atribuições podem ser executadas por qualquer responsável pela criança.
( ) A sexualidade infantil, ao contrário da adulta (que se concentra na área genital), é difusa, alternando-se por ações que podem desempenhar futuramente um papel no prazer.
( ) O meio externo, e apenas o meio externo, determina a personalidade da pessoa, que pode transformar-se constantemente.
( ) A personalidade forma-se nos primeiros anos de vida, à medida que passamos pelas etapas oral, anal e fálica, as quais repetiremos inconscientemente na vida adulta.
( ) Em suas observações, Freud verificou que, em determinado estágio da amamentação, as crianças mamam e, mesmo depois de satisfeitas, prosseguem sugando. Ao ato de mamar para a satisfação da fome Freud deu o nome de *instinto de autoconservação* (necessidade que tem de ser prontamente solucionada); ao ato de sugar mesmo após a fome saciada o psicanalista denominou *instinto sexual* (necessidade que não precisa ser atendida de pronto; não traz prejuízo à criança).

Agora, assinale a alternativa que indica a sequência correta:

a) V, V, V, V, V.
b) V, F, F, V, V.
c) F, V, V, V, F.
d) V, V, F, V, V.
e) F, V, F, V, F.

5. Assinale a alternativa **incorreta**, ou seja, aquela que não condiz com o desenvolvimento conforme a psicanálise:
   a) O foco do estágio oral é o seio e seus significados colaterais e substitutos. O seio não só se refere à parte do corpo em si, mas também aos braços da mãe, que envolvem e protegem a criança, bem como à voz materna e ao leite que alimenta o bebê.
   b) No complexo de Édipo, a criança inicialmente terá uma vinculação muito maior com o progenitor de sexo diferente do seu (menino/mãe; menina/pai)
   c) A participação do pai nos primeiros dias de vida da criança é importantíssima, pois o bebê morreria se ele não estivesse presente.
   d) Ao nascermos, investimos em uma profunda imersão no cultural, que está além do indivíduo; em outras palavras, mergulhamos no mundo das representações sociais imaginárias ou simbólicas.
   e) As fezes desempenham um papel importante na etapa anal do desenvolvimento.

Atividades de aprendizagem

Questões para reflexão

1. Com relação à sexualidade adulta em uma perspectiva psicanalítica, podemos afirmar que se concentra na área genital, em uma dinâmica que se desenvolve entre duas pessoas adultas, que podem ser de sexos diferentes ou não. O estágio adulto se caracteriza por um estado de solidez psicológica e de poucas alterações significativas. Ainda que o indivíduo possa aprender em qualquer momento

da vida, a vida adulta caracteriza-se normalmente pela constituição de família, pela criação de filhos e pela busca de estabilidade financeira. Explique o que você entendeu a esse respeito.

2. O indivíduo nunca resolve completamente seu complexo de Édipo (espinha dorsal e base da personalidade), pois, do ponto de vista psicanalítico, **a vida do ser humano é uma reiteração dos três estágios de desenvolvimento**, com a diferença de certas circunstâncias e pessoas envolvidas. É possível que a mulher, ao ter uma criança em nível simbólico, possa solucionar as especificidades de sua estrutura edípica. O que você pensa a esse respeito?

Atividade aplicada: prática

1. Observe duas crianças pequenas, converse com os pais delas e verifique se essas etapas que Freud e a psicanálise dizem existir acontecem. Produza um texto de 10 a 15 linhas sobre o tema.

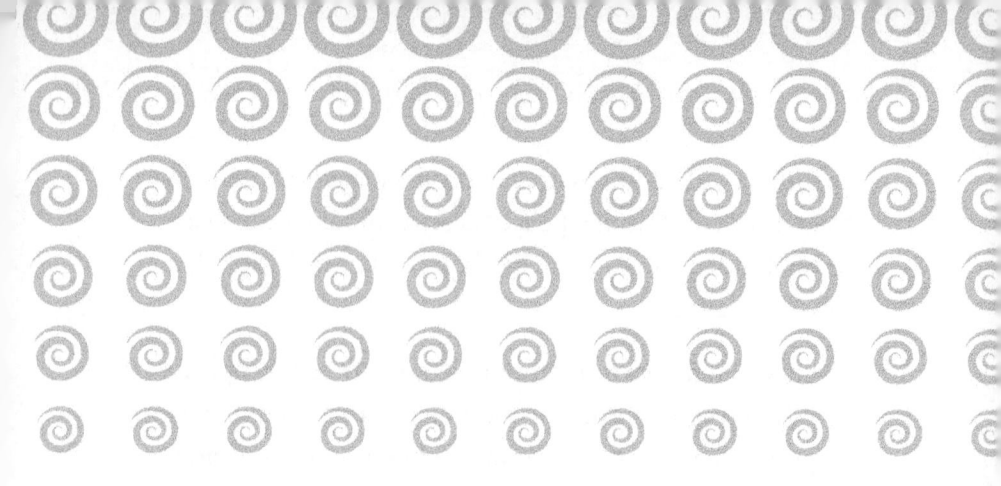

6
Lacan e a educação

A teoria psicanalítica lacaniana, tema deste capítulo, é de difícil compreensão e, por isso, exige muitos anos de estudo. Apesar da densidade da leitura dos textos de Lacan, não desanime: retome seus estudos constantemente, pois é aos poucos que aprendemos os ensinamentos lacanianos. É quase como aprender uma nova língua. Podemos afirmar que a grande contribuição que a psicanálise, em específico, a psicanálise lacaniana, pode trazer é a perspectiva psicanalítica aplicada à educação. Portanto, neste ponto da obra, trataremos das relações de transferência estabelecidas entre o aluno e seu professor, bem como da contratransferência por parte do educador.

6.1
Psicanálise lacaniana

A influência de Lacan foi além da própria psicanálise, o que fez dele uma figura dominante no cenário intelectual francês nas décadas de 1950 a 1970. A releitura que o estudioso fez da psicanálise freudiana pode ser pensada da seguinte maneira: Freud propõe uma análise do sujeito humano que parte de um modelo inicialmente calcado na biologia e que posteriormente passou a uma leitura psicológica. Lacan avalia os textos freudianos por meio de alguns instrumentos não utilizados pelo psicanalista austríaco, como a filosofia, a matemática e a então jovem ciência que surgiu depois de os primeiros grandes pressupostos da psicanálise já terem sido elaborados: a linguística. Sobre isso, Roudisneco (2011, p. 14) afirma: "O século XX era freudiano, o século XXI é, desde já, lacaniano".

Miller (2013, p. 1) cita Lacan: "O inconsciente é estruturado como uma linguagem". Esse dizer lacaniano é de certa maneira o legado do psicanalista francês, pois considerava a linguagem o decodificador do mundo. Como seguidor de Freud e leitor e releitor de sua obra, Lacan considerava a linguagem o decodificador do inconsciente, não apenas através do discurso simples, mas principalmente através dos atos falhos, dos relatos de sonhos, dos lapsos de linguagem, dos chistes e de todas as manifestações do inconsciente. Lourenço (2013, p. 16) destaca que, em entrevista a uma revista francesa em 1957, Lacan afirmou:

a psicanálise não é uma exploradora de continentes desconhecidos ou de coisas profundas, mas sim uma linguista: ela aprende a decifrar a escritura que está ali sob alcance de seus olhos, ao alcance do olhar de todos, mas permanece indecifrável caso não se conheça sua lei, sua chave – a fala, a linguagem.

Sobre a psicanálise neste nosso século, Forbes e Leite (2000, p. 1) declaram:

> A psicanálise do Século XXI já é muito diferente daquela inicialmente proposta por Freud. O mundo não é mais o mesmo: os avanços das ciências e das comunicações trouxeram novas soluções e reformularam os problemas das mulheres e dos homens. Não se adoece mais da mesma maneira, não se é mais feliz ou infeliz da mesma forma. O homem, o pai, o filho, o amante são outros. A mulher, a mãe, a filha, a amada são outras. A orientação que Jacques Lacan deu à psicanálise freudiana retirou-a do terreno hermenêutico, preparando-a para o tratamento desse sujeito pós-moderno, caracterizado pela falta de ideais e de paradigmas; potencialmente irresponsável em sua subjetividade. Se o analista de ontem se preocupava em fazer com que o analisando soubesse mais a seu próprio respeito, se conhecesse, o analista de hoje direciona a clínica para a compatibilidade responsável da pessoa com o seu gozo, com a sua peculiar satisfação, que não responde a nenhum standard ideológico ou farmacológico.

A respeito da psicanálise lacaniana, Miller (1998) aponta: é necessário fazer uma reflexão profunda sobre o que pressupõe esse rótulo.

Nunca fiz essa pergunta nestes termos, até agora, e preciso então saber o porquê. De onde vem essa pergunta? Em que somos lacanianos? Que significa ser lacaniano? No fim de tudo, possivelmente saberemos.

Para começar, vamos tentar dizer o que ser lacaniano não é. Ser lacaniano não é simplesmente reconhecer a importância de Lacan na psicanálise nem ler Lacan, pela simples razão que reconhecer a importância de Lacan ou ler Lacan não é apanágio nosso, nem privilégio nosso. Pode ter sido assim, o que tornava ociosa a pergunta. Houve tempo em que se ouvia de Lacan, "Isso não é psicanálise". (Miller, 1998, p. 2)

A pergunta que pode surgir então é: A consciência da importância de Lacan e a leitura das obras do psicanalista não são suficientes para que alguém se arvore em psicanalista lacaniano? Conhecer o papel de Lacan e ter contato com suas teorias é apenas um passo para isso? Podemos responder que, além da leitura e do estudo aprofundado da obra de Lacan, existe a análise do próprio interessado em tornar-se analista, sendo que ele vai se autorizar como analista num momento dado de sua própria análise, que é o passe.

A psicanálise lacaniana remete ao inconsciente estruturado como uma linguagem. Nesse sentido, Žižek (2013, p. 56) explica que "a percepção predominante do inconsciente é de que ele é o domínio das pulsões irracionais, o que é oposto ao Eu (Ego) consciente e racional". Entretanto, para Lacan, a perspectiva de inconsciente descrita pertence a um ponto de vista romântico, sem relação com os pensamentos de Freud. Žižek (2013, p. 56) prossegue:

> O inconsciente freudiano causou tamanho escândalo não por afirmar que o eu racional está subordinado ao domínio dos instintos irracionais e cegos, mas, sim, porque demonstrou como o inconsciente obedece a sua própria lógica e gramática: o Inconsciente fala e pensa. O Eu deveria ousar me aproximar de minha verdade.

Tendo em vista a citação apresentada, podemos afirmar que, na psicanálise lacaniana, o inconsciente não guarda uma verdade profunda dentro de si, mas uma terrível visão de nós mesmos com a qual temos de lidar.

6.2
A história de Lacan

De acordo com Roudinesco (2011), Jacques Lacan nasceu em Paris, em 13 de abril de 1901, filho de família burguesa e católica. Abandonou a religiosidade na juventude, período em que se aprofundou em leituras literárias e filosóficas, com ênfase em Baruch Spinoza, Friedrich Nietzsche, Charles Maurras, os surrealistas e James Joyce. Teve franco acesso ao cenário artístico e intelectual de sua época. Formou-se em Medicina e adentrou na área de psiquiatria por meio de residência no Hospital Sainte-Anne, em Paris; além disso, foi discípulo de Gaëtan de Clérambault, única figura que Lacan respeitava na psiquiatria. Sua tese de doutorado, *De la psychose paranoïaque dans ses rapports avec la personnalité* (*A psicose paranoica em suas relações com a personalidade*), defendida em 1932, caracteriza-se por elevada erudição, marca das obras lacanianas, e pela profunda ênfase na psicanálise, quando essa área do conhecimento ainda não havia conquistado grande número de seguidores na França.

Roudinesco (2011) afirma que Lacan recoloca a psicanálise no âmbito da filosofia ao revestir as teorias freudianas com o pensamento filosófico:

> Lacan era ainda mais sombrio em sua abordagem da sociedade humana, e mais marcado também, sem dúvida, pela ideia da fragilidade dos regimes democráticos, mais interessado pela loucura, o crime e a mística, e, finalmente, mais atormentado. Em suma, distinguia-se dos herdeiros de Freud – de Melanie Klein a Donald W. Winnicott e de muitos outros – pela distância que muito cedo tomara de uma concepção da psicanálise que a reduzia a um corpus clínico. Freud já rejeitara a filosofia, que comparou injustamente a um sistema paranoico, para voltar-se para a biologia, a mitologia e a arqueologia. Lacan fez o caminho inverso, ao reinscrever a psicanálise na história da filosofia reintroduzindo o pensamento filosófico no corpus freudiano. Na esteira disso, quis fazer da psicanálise um antídoto para a filosofia, uma "antifilosofia", opondo o discurso do mestre ao do analista. Assumiu, assim, o risco de juntar-se, contra o Iluminismo, aos asseclas do obscurantismo ou dos anti-iluministas. Lacan foi, assim, o único entre os herdeiros de Freud a dar à obra freudiana um arcabouço filosófico e a arrancá-la de seu enraizamento biológico, sem com isso descambar no espiritualismo. O paradoxo dessa interpretação é que ela reintroduzia na psicanálise o pensamento filosófico alemão do qual Freud se distanciara. Essa contribuição, que

ele quis em seguida anular, designando-se antifilósofo, fez de Lacan o único mestre da psicanálise na França, o que lhe acarretou grande hostilidade. Mas se alguns de seus ferozes contendores foram injustos, ele abriu a guarda para a crítica, cercando-se de epígonos que contribuíram, com seu jargão, para obscurecer seu ensino. Pior ainda, não podia prescindir deles, ao passo que não cessava de desaprová-los recomendando-lhes que não o imitassem. (Roudinesco, 2011, p. 18)

Lacan iniciou sua análise pessoal em 1932 com Rudolph Loewenstein e a desenvolveu por seis anos e meio. Cerqueira (2018) explica que sua reconhecida inteligência não lhe garantiu um espaço na Sociedade Psicanalítica de Paris (SPP), que desprezava seus estudos, bem como seu anticonformismo. Ainda segundo Cerqueira (2018), contraiu matrimônio com Marie-Louise Blondin (1906-1983) em 1934, com quem teve os filhos Caroline, Thibaut e Sibylle. Em razão de sua iniciação filosófica hegeliana em 1936 e de seu trânsito por grupos intelectuais de influência, Lacan passou a defender uma leitura literal dos materiais de Freud e sob a perspectiva do cabedal filosófico alemão.

Pense a respeito

Georg Wilhelm Friedrich Hegel nasceu em 27 de agosto de 1770, em Stuttgart, na Alemanha. Ferreira (2013, p. 168) afirma que o filósofo alemão poderia ser reconhecido como um dos mais expressivos filósofos da humanidade, na medida em que o então inovador debate filosófico por ele proposto, na passagem do século XVIII para o XIX, permanece atual e efetivo, em razão de sua extraordinária capacidade de haver "apreendido seu tempo em pensamento", conferindo caráter universal à sua Filosofia.

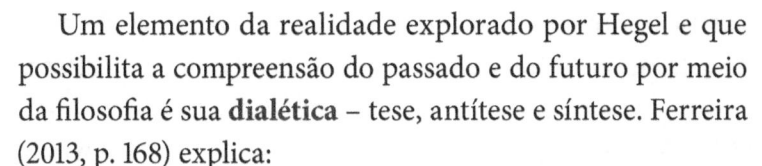

Um elemento da realidade explorado por Hegel e que possibilita a compreensão do passado e do futuro por meio da filosofia é sua **dialética** – tese, antítese e síntese. Ferreira (2013, p. 168) explica:

> Em realidade, a dialética hegeliana constitui, já adiantando a conclusão final, um sistema de compreensão da realidade, diante de um processo em contínuo movimento no qual o antecedente se supera e conserva no precedente, se transformando, imediatamente, em um novo antecedente, a ser novamente superado e conservado, e assim por diante, em um ciclo interminável de crescente determinação.

Cerqueira (2018) relata que, em 1937, Lacan iniciou um relacionamento amoroso com Sylvia Maklès-Bataille (1908-1993) que se estendeu por muitos anos (à época, ambos eram casados). Em 1940, um impasse: a esposa de Lacan esperava Sibylle (nascida em 26 de novembro de 1940), enquanto Sylvia Bataille engravidou de Judith (nascida em 3 de julho de 1941). De acordo com Cerqueira (2018), Judith só pôde utilizar o sobrenome Lacan a partir de 1964. Esse período da vida de Lacan influenciou as determinações inconscientes da elaboração do conceito lacaniano de "nome do pai". Lacan e Bataille uniram-se oficialmente apenas em 1953.

Em 1953, afirma Cerqueira (2018), a psicanálise francesa passava por uma grave revisão de seus conceitos e procedimentos, concentrando-se no estudo superficial da área e no tempo de duração das seções. Nesse contexto, Lacan passou a fazer parte do grupo original da Sociedade Francesa de Psicanálise (SFP). Teve origem então a produção de seus seminários, nos quais o psicanalista analisou, no espaço de uma década, as obras freudianas. A partir de 1953, a SFP pleiteou uma ligação com Associação Internacional de Psicanálise (AIP). Nesse processo, a instituição proibiu Lacan de formar analistas didatas (profissionais que promovem a análise de analistas futuros conforme o modelo da IPA).

Outro período de profundos embates na psicanálise francesa foi o de 1963. Segundo Cerqueira (2018), já em 1964, a SFP deixou de existir; no mesmo ano, Lacan fundou a École Freudienne de Paris (EFP) e, em 1966, trouxe como contribuição seus *Escritos* para a psicanálise. A EFP amealhou um grupo cada vez maior, fato que fez com que Lacan criasse o "passe", novo procedimento de acesso à análise didática. O passe, no contexto da leitura psicanalítica lacaniana, é a autorização que o analisando dá a si mesmo durante seu processo de análise pessoal para começar a atuar como psicanalista.

Utilizado no fim da década de 1960, o passe trouxe uma nova ruptura da psicanálise na França. Com a criação da Organização Psicanalítica de Língua Francesa (OPLF) e com o surgimento de problemas de ordem institucional na EFP, esta última acabou por ser fechada em 1980. Tempos mais tarde, o pensamento lacaniano foi decomposto em vinte grupos de estudo diferentes. Em 1974, Lacan administrou um ensino do "Campo Freudiano" no Departamento de

Psicanálise da Universidade de Paris VIII. O psicanalista francês faleceu em 9 de setembro de 1981.

Muitos artistas do surrealismo fizeram análise com Lacan. Participante do seminário de Alexandre Kojève sobre Hegel, o estudioso francês teve relações estreitas com Raymond Aron, Maurice Merleau-Ponty e Georges Bataille. Além disso, recolocou Martin Heidegger, cuja reputação foi prejudicada por suas possíveis ligações com o Partido Nazista, nas discussões psicanalíticas. Além dos *Escritos* e de outros textos, participantes de seus seminários contribuíram para o alargamento da bibliografia lacaniana, anotando suas falas (Encyclopaedia Britannica, 1979).

Importante!

Os escritos referentes aos seminários de Lacan são em grande parte resultado da reprodução de suas falas sobre a psicanálise realizada por uma estenodatilógrafa que anotava o que o psicanalista dizia. Com o passar do tempo, o grupo de admiradores de Lacan aumentou, e seus integrantes levavam gravadores (tecnologia então recém-criada) para registrar os seminários. Catherine Clément (1983, p. 7), em *Vidas e lendas de Jacques Lacan*, conta: "Era raro sairmos sem um aforismo capaz de suscitar não sei que euforia meditativa que durava longo tempo. Pouco a pouco, hora após hora, semana após semana, uma implacável grade linguística ia-se forjando, inconsciente mas eficaz, com a capacidade de tornar obsoleta qualquer outra forma de pensamento".

6.3
Principais conceitos lacanianos

Observamos que Lacan faz uma releitura ampliando os conceitos psicanalíticos de Freud. Um dos aspectos mais interessantes desse processo é a estruturação do inconsciente como uma linguagem, além do fato de o sujeito humano estar situado entre três registros – o real, o simbólico e o imaginário –, como mostraremos na sequência.

6.3.1
Linguagem

Como destacamos anteriormente, um dos grandes conceitos de Lacan é o **inconsciente estruturado como linguagem**. Essa ideia constava na teorização de Freud, de forma não explicitada; há indícios dessa hipótese nos estudos sobre lapsos e jogos de palavras, ainda que a linguística estivesse em seus primórdios. Portanto, ao contrário de Freud, Lacan considera elementos como significante, significado e signo, conferindo relevância à linguagem na explicação do funcionamento psíquico. A abordagem de Lacan aproxima-se do estruturalismo, teoria segundo a qual o estudo de uma categoria de fatos deve enfocar especialmente as estruturas, e da linguística estrutural, que define os fatos linguísticos a partir das noções saussurianas (de Ferdinand de Saussure – teórico que inicia a linguística e que Lacan de certa maneira subverte).

Importante!

O estruturalismo foi uma abordagem teórica que, a exemplo do existencialismo, marcou profundamente os estudos de sua época. Salatiel (2008) atesta que a variedade de campos de conhecimento que convergiram para o estruturalismo impede que ela possa "encontrar um núcleo coeso que permita classificá-lo como sistema filosófico".

Na verdade, trata-se de uma forma de criação de modelos para o estudo de determinada realidade. Tem a linguística como base para a análise da realidade social por meio de um conjunto de relações elementares. De acordo com o estruturalismo, os eventos são todos correlacionados, e o foco dos estudiosos estruturalistas são justamente as estruturas que estão por trás dessas relações mútuas. "Estas relações constituem uma estrutura e, ainda por trás das variações locais dos fenômenos superficiais, existem leis constantes do extrato cultural" (Salatiel, 2008). O autor citado afirma que Claude Lévi-Strauss (1908) foi o primeiro estudioso a deslocar o estruturalismo de seu âmbito original, antropólogo que chegou a analisar a dinâmica de índios no Brasil. Segundo o estudioso francês, os mitos

> são estruturados com linguagem, de modo que, da mesma forma que na língua – eu não penso em formas gramaticais quando falo, apenas falo –, também não penso em mitos quando os reproduzo inconscientemente (como Freud mostrou com o mito de Édipo, por exemplo): os mitos só funcionam quando a estrutura permanece invisível, como a linguagem. A conclusão do antropólogo é a de que o pensamento mítico não está no homem, mas o próprio homem é pensado por seus mitos. (Salatiel, 2008)

Lacan mostrou a importância da linguagem na psicanálise, retomando a linguística, criada por Saussure, segundo o qual um **signo** é composto de **significante** e **significado**, sendo o significante o som, a imagem acústica correspondente.

Nesse caso, a linguagem do inconsciente segue uma lei própria (por exemplo: ignorando a lei de causa e efeito). A esse respeito, Castro (2009, p. 6) afirma:

> É com base, portanto, na observação daquilo que emerge do inconsciente que é possível dizer que ele funciona como uma rede de significantes (palavras e fonemas), articulados entre si segundo mecanismos próprios. Essa articulação ignora as regras da gramática e os princípios lógicos que governam o pensamento consciente, como a não contradição e a relação de causa e efeito. Em contrapartida, os mecanismos do inconsciente têm analogia com os tropos estilísticos, concernindo à linguagem poética.

Quadros (1999) destaca dois elementos linguísticos ressaltados por Lacan: a **metáfora** e a **metonímia**. A primeira se refere a uma relação de similitude, em que determinado objeto ou qualidade é expresso por outro elemento ou propriedade que tenha uma relação semântica semelhante (por exemplo: afirmar que alguém tem músculos de ferro para designar alguém que trabalhou os músculos de modo a torná-los muito rijos, como o ferro). A metáfora é indispensável para nosso pensamento e para nossa linguagem.

A metonímia, por sua vez, é o ato de deslocar um termo de seu âmbito semântico esperado, alinhando-o, em uma relação de proximidade/contiguidade, com outro(s) conceito(s) (por exemplo: na frase "Vou beber um porto", sabemos que a pessoa não bebe um porto, e sim o vinho do porto). Portanto, a metonímia se estrutura em uma relação de justaposição de ideias, enquanto na metáfora a relação é de substituição de ideias. De acordo com Lacan, Freud afirma que o trabalho do inconsciente sobre a expressão do indivíduo pode ser verificado de duas formas: quando o locutor ou o sonhador troca palavras (deslocamento) ou quando se vale de uma condensação (como a palavra *famillionär*, analisada por Freud). O psicanalista austríaco argumenta que esses dois recursos, que equivalem à metonímia e à metáfora, são fundamentais para que a significação seja criada. Por isso, o funcionamento do inconsciente seria semelhante ao da linguagem.

No texto "Função e campo da fala e da linguagem em psicanálise", Lacan (1998b, p. 124) situa o inconsciente de forma muito clara:

> O inconsciente é esse capítulo de minha história que é marcado por um branco ou ocupado por uma mentira: é o capítulo censurado. Mas a verdade pode ser reencontrada; o mais das vezes ela já está escrita em algum lugar. A saber: nos monumentos: e isso é meu corpo, isto é, o núcleo histérico da neurose onde o sintoma histérico mostra a estrutura de uma linguagem e há como uma inscrição que, uma vez recolhida, pode sem perda grave ser destruída;
>
> nos documentos dos arquivos também: e são as recordações de minha infância, impenetráveis como eles, quando eu não conheço a proveniência;
>
> na evolução semântica: e isso responde ao estoque e às acepções do vocabulário que me é particular, como ao estilo de minha vida e a meu caráter;

nas tradições também, e mesmo nas lendas que sob uma forma heroicizada veiculam minha história; nos rastros, enfim, que conservam inevitavelmente as distorções, necessitadas pela emenda do capítulo adulterado nos capítulos que o enquadram, e das quais minha exegese restabelecerá o sentido.

O que podemos observar, pela citação apresentada, é que o inconsciente é marcado por uma hiânsia (um buraco), em que o Outro (conceito que veremos mais adiante) vem a fazer seu discurso, e que esse discurso está gravado em nosso corpo, nas recordações, na linguagem ou nas acepções de vocabulário, bem como nas lendas, nos mitos e nos rastros das emendas ou adulterações do nosso capítulo censurado, cujo sentido é restabelecido por nossa história pessoal.

O texto "Função e campo da fala e da linguagem", dos *Escritos* (1953) de Lacan (1998b), aponta que reencontramos sempre nossa dupla referência à fala e à linguagem. Para que o sujeito tenha liberada sua fala, ele precisa ser ouvido com base na linguagem relacionada a seu desejo, isto é, naquela que apresenta conteúdos que extrapolam o que de fato fala, ou seja, na linguagem envolvida pelos símbolos do sintoma em primeiro lugar. É de uma linguagem que trata o simbolismo revelado na análise, e é muito interessante a citação de Lacan acerca do que são esses milhares de símbolos que o sujeito leva à análise, ao referir-se a um artigo de Ernest Jones: "embora haja milhares de símbolos no sentido em que se entende a análise, todos se relacionam ao corpo próprio, às relações de parentesco, ao nascimento, à vida e à morte" (Lacan, 1998b, p. 158).

Em outro texto de Lacan (1998a), "A instância da letra no inconsciente ou a razão desde Freud" (1966), a cadeia de significantes (a linguagem, o simbólico) revela a possibilidade de utilizarmos a linguagem – na medida em que ela é compartilhada entre sujeitos, o que lhe dá estatuto de real – de modo a conferir a ela um significado totalmente oposto ao que ela diz: "Função mais digna de ser sublinhada na fala que a de disfarçar o pensamento (a maioria das vezes indefinível) do sujeito: a saber, a função de indicar o lugar desse lugar na busca da verdade" (Lacan 1998a, p. 235).

A verdade do sujeito, de acordo com Freud e Lacan, é a transformação da forma cartesiana de pensamento, em que o "cogito" (penso, logo sou) é transformado pelo fato de sermos pensados pelo inconsciente. Conforme Lacan (1998a, p. 247), "penso onde não existo, portanto existo onde não penso". Temos então que o sujeito existe porque é pensado por algo maior – o inconsciente. Mais adiante, no texto "A instância da letra...", Lacan (1998a, p. 248) explica: "eu não sou, lá onde sou o joguete de meu pensamento; eu penso que sou, lá onde eu não penso pensar". Com relação à natureza da neurose, Lacan afirma que a neurose é uma questão que o ser (entendido como o inconsciente) coloca para o sujeito, já que este último não pode chegar ao lugar onde o inconsciente o coloca; o ser coloca a neurose no lugar do sujeito, sendo a neurose um buraco (possível estrutura) do qual o sujeito terá de dar conta no decorrer de sua vida.

De acordo com o que podemos depreender em "Função e campo...", o que "eu procuro na fala é a resposta do outro. O que me constitui como sujeito é minha questão. Para fazer-me reconhecer pelo outro, eu não profiro o que foi senão em vista do que será" (Lacan 1998b, 249). Podemos até ressaltar: o que constitui o sujeito como tal é a questão que ele tem consigo, o "fantasma" (problema estrutural de cada um) que cada indivíduo tem de superar para que sua existência seja significativa, embora a maioria das pessoas pareça apenas gravitar em torno de seu fantasma, sem dirimir os problemas que as afetam (Lacan, 1998b).

6.3.2
O Outro

Uma questão ligada à constituição do sujeito em Lacan são as instâncias – **real, simbólico** e **imaginário**. O real não corresponde à realidade na teoria lacaniana, mas àquilo que é inexprimível, àquilo que não podemos, nem conseguimos, dizer; **em outras palavras, refere-se ao que não conseguimos simbolizar**, é o impossível de o sujeito expressar, isto é, o real não consegue transformar-se em simbólico. De uma forma mais simplificada para entendimento, podemos pensar no simbólico como as palavras que falamos – e, como já explicamos anteriormente, a linguagem funciona como uma cadeia de significantes, isto é, de palavras, cada significante correspondendo a uma palavra. Já o imaginário é manifestação psíquica relacionada ao ego. O indivíduo deseja encontrar na realidade de seu entorno algo que o preencha, que o complemente. No entanto, esse outro esperado não existe, e a imagem com a qual o ego quer ser sustentado não pode ser desenvolvida.

Podemos identificar então mais um conceito lacaniano – o **Outro**, com maiúscula, que é diferente do vocábulo *outro* da fala cotidiana, pois, quando nos referimos a esse outro (com minúscula), estamos dizendo algo acerca de outra pessoa, que poderíamos definir como o outro da subjetividade. Quem é o Outro para Lacan? Trata-se uma expressão que vem do francês *Autre*, traduzido para o português como "Outro", e que se relaciona com o latim *alter*, de onde vem a palavra *alteridade*. Com o conceito de "grande Outro", podemos pensar que Lacan deseja analisar, de forma absoluta, a relação do homem com os elementos que condicionam sua forma de agir, pensar e sentir.

Alves (2012) explica que o conceito lacaniano do Outro é considerado ambíguo, pois foi articulado nos três registros: RSI (real, simbólico e imaginário), assumindo, ao longo do percurso teórico, múltiplos aspectos e definições: "'O Outro é o tesouro dos significantes', 'O Outro é o lugar da verdade', 'O inconsciente é o discurso do Outro', 'O desejo do homem é o desejo do Outro', 'O Outro não existe', 'não há Outro do Outro', 'O Outro é a mulher'". O Outro apresenta diferentes funções conforme o registro em que fizermos a leitura. Por exemplo: no registro simbólico, a mãe (fálica) será o agente de castração do sujeito.

Os conceitos lacanianos podem ser apresentados numa figura topológica chamada *nó borromeano*. Lacan, ao fazer a releitura da obra freudiana, mostra que Freud, a partir da segunda tópica (id, ego, superego), já mostrava sinais de uma leitura estruturalista. Lacan reconhece em suas considerações que o conceito de estrutura é uma contribuição de Claude Lévi-Strauss, que estudou profundamente os escritos freudianos. Aliás, o antropólogo belga é constantemente citado nas análises lacanianas. A estrutura, em Lévi-Strauss, refere-se a grupos de interações e de termos permutáveis que se arranjam de forma lógica. Lacan ressalta a eficácia desse princípio para a construção mesma do sujeito, no fenômeno do delírio, e, no caso de pacientes acometidos de esquizofrenia, da ineficiência. O psicanalista francês utiliza o conceito de estrutura em todos os fenômenos relacionados ao inconsciente, como se fosse uma mistura, nos planos do real, do simbólico e do imaginário (o que ele chamou de RSI) do sujeito. Lacan buscou na matemática a confirmação de suas teorias. Entre os estudiosos da matemática da década de 1970 com os quais Lacan estabeleceu relacionamentos, Jean-Michel Vappereau deu sua contribuição apresentando, por meio da teoria dos conjuntos, um nó borromeano. Nessa estrutura, o nó deixa de existir assim que uma das instâncias se desestrutura (independentemente de qual for). Conceito lacaniano fundamental, essa trindade é importante para a pesquisa lacaniana e deu origem a um novo paradigma.

Figura 6.1 – Nó borromeano (no centro está indicado o objeto pequeno "a", conceito lacaniano)

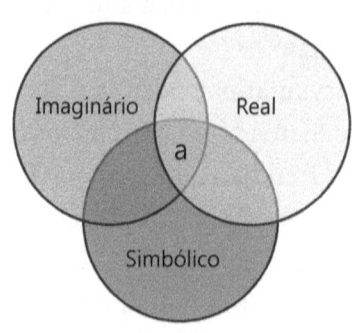

A ideia de real, a partir do nó borromeano, é mais bem entendida se levarmos em conta que uma coisa se articula com a outra, embora cada elemento seja distinto dos outros. O real, tal qual o desejo, foge à materialização. Como explicamos anteriormente, o nó borromeano se constitui de três grupos amarrados uns aos outros; caso um nó se desfaça, toda a estrutura cai. Quadros (1999) afirma que os três registros psíquicos estão juntos de tal forma que não há formação de par. Na estrutura borromeana, o real, o simbólico e o imaginário têm a mesma relevância, e cada uma delas tem sua forma particular de arranjo.

Podemos observar que, no nó borromeano, o fator que liga os três registros é o **objeto "a"**, ou objeto causa do desejo, ou objeto perdido, a falta. Assoun (1999) esclarece que a função do objeto "a" deu a Lacan o instrumento para consolidar uma verdadeira retórica da castração, pois trata de objetos ausentes. Assoun (1999) associa esse conceito a privações pelas quais o sujeito passa no decorrer de sua construção. O desenvolvimento pressupõe várias perdas: o seio, as fezes, a voz da mãe associada ao leite na amamentação e a todos os cuidados com o bebê. Mesmo com todas essas frustrações, o indivíduo deve enfrentar seus "fantasmas" e, nesse caso, o objeto pequeno "a" é que vai instituir cada ser humano.

6.3.3
Foraclusão e nome do pai

Um termo que Lacan retira dos termos jurídicos é *foraclusão do nome do pai*. *Foracluir*, de acordo com Rabinovich (2001, citado por Ramirez, 2004, p. 100), consiste em expulsar alguém ou alguma coisa para fora dos limites de um reino, de um indivíduo, ou de um princípio abstrato tal como a vida ou a liberdade; foracluir implica também o lugar, qualquer que ele seja, do qual se é expulso, seja fechado para todo o sempre... Foracluir consiste pois, afinal, em expulsar alguém para fora das leis da linguagem.

Prossegue Ramirez (2004, p. 100): "É com a conotação do sem lugar, do sem destino, do errante, que o termo entrou para a psicanálise, para designar o lugar dos loucos, dos verdadeiros presos do lado de fora, para aqueles que não encontram seu lugar no inconsciente". Portanto, a foraclusão diz respeito à inviabilidade da inclusão de determinados elementos em uma dinâmica em razão do tempo.

E quanto ao nome do pai? Para Lacan (1998b, p. 143), "É no nome do pai que se deve reconhecer o suporte da função simbólica que, desde a orla dos tempos históricos, identifica sua pessoa à figura da lei". Esse conceito é utilizado para a diferenciação entre as repercussões dessa função no inconsciente do paciente e as relações narcísicas que ele cria com o indivíduo que personifica a figura do pai.

É interessante pensar que **o Pai é a Lei** e que, se o entendermos dessa forma, podemos fazer a correlação do Pai com a figura do Senhor – do discurso do Senhor e Servo trabalhado por Kojève, do qual Lacan foi aluno –, pois, se ele é o Senhor de um Servo que tem de permanecer vivo para reconhecê-lo, é ele quem dita a seguinte Lei: "Reconheça-me, veja meu desejo e sirva-me; veja meu desejo, que, na verdade, é o de que veja meu anseio de ser reconhecido como superior a você". Isso pode levar até a uma postura voyeurista, quando da batalha de Puro Prestígio de Hegel, relida por Kojève (que, definida operacionalmente, é o enfrentamento individual na busca do reconhecimento como Sujeito, em Kojève, no qual um indivíduo enfrenta outro para ou subjugá-lo, ou ser subjugado por seu opositor): "Veja meu desejo sendo visto". Desejo que nada mais é que desejo de poder, de subjugação e, por consequência, de reconhecimento.

Safatle (2001) explica que, para compreender a importância do nome do pai,

> é necessário lembrar que Lacan transforma o complexo de Édipo na estrutura de passagem da natureza à cultura por meio da introdução do sujeito na ordem simbólica. É no interior da família que o sujeito moderno descobre a existência de uma Lei simbólica baseada em interditos (como o incesto) e lugares fixos de parentesco. O pai, sendo aquele que dá nome ao filho e encarna a autoridade, será o representante da Lei. O Nome do Pai é o significante dessa função paterna, como uma chave que abre, ao sujeito, o acesso à estrutura simbólica e que lhe permitirá nomear seu desejo. Daí porque: "A função do pai é unir um desejo à Lei". Não é por outra razão que Lacan vê, no declínio da "imago" paterna, uma fonte privilegiada de neuroses contemporâneas.

O nome do pai é, portanto, um conceito lacaniano que remete à lei. O pai, na etapa do Édipo, representa essa lei para o menino – a lei que simbolicamente interdita o incesto.

6.3.4
O sujeito e o Outro

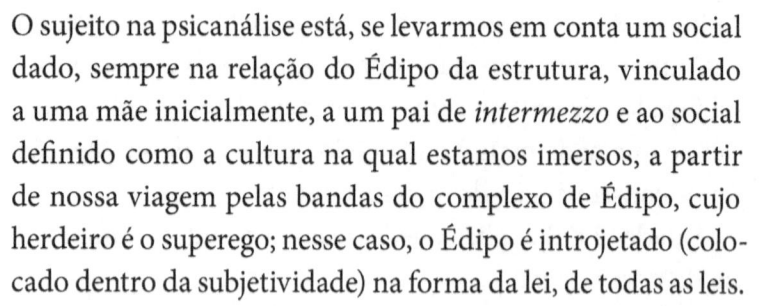

O sujeito na psicanálise está, se levarmos em conta um social dado, sempre na relação do Édipo da estrutura, vinculado a uma mãe inicialmente, a um pai de *intermezzo* e ao social definido como a cultura na qual estamos imersos, a partir de nossa viagem pelas bandas do complexo de Édipo, cujo herdeiro é o superego; nesse caso, o Édipo é introjetado (colocado dentro da subjetividade) na forma da lei, de todas as leis.

Podemos, então, situar o sujeito, no âmbito psicanalítico, como ser pulsional e social. Já no texto *A interpretação dos sonhos*, de Freud, evidencia-se que o sujeito para a psicanálise é o sujeito do inconsciente, sendo que o inconsciente determina todos os atos da vida do indivíduo. Lacan (1985, p. 91) explica: "Se o inconsciente é mesmo o que eu digo, por ser estruturado como uma linguagem, é no nível da língua que temos que interrogar esse Um".

No "Seminário sobre A carta roubada" (1956), Lacan (1998c, p 22), ao abordar o automatismo de repetição, originado da reiteração do módulo intersubjetivo da ação, trata do inconsciente: "**O inconsciente é o discurso do Outro**". Há, então, no dito de Lacan uma implicação que remete ao Outro (A), que é a estrutura na qual está o sujeito mergulhado, podendo-se definir rapidamente o Outro como não sendo o nosso próximo, no sentido cristão; além disso, na carta 52 de Freud a Fliess, o psicanalista austríaco afirma: **o sonho se elabora em outra referência, essa outra referência significando o Outro.**

Podemos definir o Outro como um lugar (espacial) ou também como um sítio de significações em que se sanciona a mensagem. O outro (com minúscula), ou "outrinho", é que se constitui no próximo, a outra pessoa com a qual podemos estar num relacionamento qualquer. Entretanto, voltando ao Outro, que é o que nos interessa nesta obra, podemos dizer que é a outra cena do inconsciente, nossa primeira dependência (a mãe), bem como a linguagem, já que todos dependem dela. O sujeito é colocado em um outro lugar ou outra referência pelo inconsciente. Assim, o sujeito do inconsciente está à mercê do significante Inconsciente. É a linguagem da regra, isto é, **o Inconsciente está estruturado como uma linguagem a partir do discurso do Outro**, ou seja, tem regras, leis, não pode fazer qualquer coisa. Já em *A interpretação dos sonhos*, texto de Freud, constam as duas regras básicas do inconsciente, que são os mecanismos de condensação (metáfora em Lacan) e deslocamento (metonímia em Lacan).

O **estágio do espelho** é outro conceito lacaniano importante. Entre os 6 e os 18 meses, o ego se vê consolidado em um corpo coeso. O eu cria sua imagem com base na representação do outro; por isso, a unidade se constrói por meio da imagem. Portanto, a fase do espelho tem importante participação na construção do imaginário. Por nascermos sem referências, precisamos da figura do outro para criarmos nossa própria humanidade, ou seja, deixarmos de ser meros organismos para participarmos da coletividade humana por meio da linguagem que o Outro transmitirá para nós, permitindo que possamos participar da cultura na qual mergulhamos no nascimento.

Esse outro, na verdade, é um Outro que podemos remeter à nossa mãe. Temos, então, uma relação de dependência com essa figura (ou quem ocupe esse lugar e nos passe, além de cuidados, calor, afeto, enfim, nos dê sua voz e seu olhar). Desse modo, a mãe atua tanto no plano biológico como no imaginário. Necessitamos simbolicamente desse Outro, que deve ocupar, no lugar do código, a função de mediar o desejo. A mãe vai erogenizar (cuidar afetuosamente) o corpo da criança, permitindo que ela articule seus desejos em demandas que a farão perceber-se desejada ou não. É através dessa mediação, em que a mãe ocupa o lugar de Outro absoluto, provendo a criança de amor, palavras e alimentos e outros cuidados, que ocorrerá o acesso ao campo simbólico. Podemos afirmar que nos instituímos como sujeitos humanos a partir do espelho que o olhar da mãe trará sobre nós.

Cabas (1982, p. 19) explica que "o estádio do espelho unicamente não é suficiente para que o ser possa tomar posse do seu corpo, que só se constitui como tal a partir do corpo simbólico. O sujeito ainda precisa simbolizar a legalidade que rege a relação existente entre o objeto, a imagem, o espelho e o sujeito".

6.3.5
O falo

Napoli (2009) ressalta que o falo é outro conceito básico para entender Lacan. Quando trata do tema, o psicanalista usa a letra grega *fi* juntamente com um sinal (-φ). Portanto, o falo "é sempre algo 'real' ou virtualmente faltoso (não se tem ou se pode perder)" (Napoli, 2009). Normalmente, associamos *falo* a *pênis* e à questão da castração freudiana, sendo o segundo apenas o ponto inicial da representação do primeiro. Em outras palavras, o falo representa simbolicamente o pênis. Napoli (2009) assinala ainda que o falo consiste em qualquer elemento cujo valor seja compatível com a significação que o pênis tem para o pequeno no complexo de castração. E que significado seria esse? É o da completude, especialmente para o pequeno que tenha presenciado a existência do órgão genital feminino, razão pela qual esse órgão gera medo de perda no menino e desejo de posse na menina. Obviamente, essas sensações são causadas pela aversão à incompletude.

6.3.6
Os quatro discursos

Outro ponto importante na teoria lacaniana são os **quatro discursos**. No Livro 20, Lacan (1985, p. 27) afirma que "o amor é o signo", isto é, o que circula é o amor. Lacan (1985, p. 14) define: "O amor em sua essência é narcísico". Para situar tal questão, o psicanalista francês apresenta os quatro discursos – que nos oferecem várias pontes teóricas: o discurso do senhor, o discurso da universidade, o discurso da histérica e o discurso do analista. Cada um deles tem em seu bojo quatro termos: o significante mestre ou primordial, o saber, o sujeito e o mais gozar ou pequeno "a". Esses termos circulam, dependendo do discurso, entre quatro lugares: o agente, o Outro, a verdade e a produção. Os discursos da histérica e da universidade resultam em impotência; os discursos do analista e do senhor, em impossibilidade. Esses discursos ocupam lugares:

> | o agente | o outro |
> |----------|---------|
> | a verdade | a produção |
>
> Os lugares são: semblante (o agente), gozo (o Outro), mais de gozar (a produção) e a verdade.

No **discurso do mestre**, em virtude de sua divisão subjetiva (no lugar de verdade), o mestre (o agente) endereça seu domínio ao outro caracterizado pelo seu saber. Uma falta-a-gozar (o objeto "a") é produzida. Nesse discurso, o que domina é a lei.

No **discurso da histérica**, a histérica (como agente) endereça ao mestre (como outro) sua divisão subjetiva. A verdade, causa dessa divisão, é que a histérica está dirigida para o objeto "a". O efeito produzido sobre o outro será que ele retornará à histérica um saber (S2) necessariamente impróprio para satisfazer sua natureza desejante e a preencher sua divisão. O sintoma é dominante no discurso da histérica.

Quanto ao **discurso do analista**, ocorre que, quando recebeu de uma paciente histérica a ordem de se calar, Freud entrou na posição de agente do discurso do analista. Seu silêncio, sua falta de resposta, dividiu o sujeito, fazendo-o produzir significantes de sua singularidade. É o discurso causa da transferência. É no discurso do analista que o saber do Édipo está no lugar da verdade como castração. Esse saber, que dá suporte à análise, é incompleto, não podendo ser considerado uma ferramenta infalível.

No **discurso universitário**, o outro é tratado como objeto; assim, a partir do saber há uma tendência em objetificar o outro. Produz-se, nesse caso, o sujeito dividido (cuja representação gráfica é $ – um S maiúsculo barrado) que se revolta ou sintomatiza ao ser tratado como objeto "a". Tal discurso exprime uma tirania do saber científico que dissocia o sujeito de seus significantes primordiais. Ao outro resta apenas o silêncio ou enunciados que serão a repetição do saber universitário. Diferentemente disso, a indagação da histérica ao mestre produz um saber novo (insabido), e não a reprodução de um saber preconcebido. O que domina no discurso universitário é o saber.

6.4
A psicanálise lacaniana: clínica

Dunker (2008, p. 44) afirma que, quando se analisa a posição de Lacan entre as formas de clínica psicanalítica, há um obstáculo. "Em primeiro lugar ele propõe uma revisão teórica radical na forma de ler e praticar os principais operadores clínicos da psicanálise. Isso de fato dá origem a uma tradição autônoma de transmissão da clínica, com suas regras, associações e genealogias". Em vez de caracterizar-se e justificar-se segundo "outros princípios", ela se apresenta como clínica psicanalítica rigorosamente freudiana.

> Em segundo lugar Lacan inova tal clínica tanto no que diz respeito à sua técnica (notadamente o manejo do tempo e das palavras em análise), quanto ao seu alcance (seja com relação ao tratamento das psicoses, seja das perversões), e ainda quanto aos seus objetivos (tanto em face da proposição radical de uma ética da psicanálise, quanto no que diz respeito ao

final do tratamento). Portanto a experiência lacaniana pode ser recebida como um fragmento adicional no quadro da diversidade das psicanálises. (Dunker, 2008, p. 42)

É interessante pensarmos na seguinte afirmação de Lacan, enunciada no Livro 11 – *Os quatro conceitos fundamentais da psicanálise* –, depois de declarar que a mola fundamental da operação analítica é a manutenção da distância entre o I (conjunto de significantes) e o pequeno "a" (objetos perdidos):

> para lhes dar fórmulas-referência, direi – se a transferência é o que, da pulsão, desvia a demanda, o desejo do analista é aquilo que a traz ali de volta. E, por esta via, ele isola o a, o põe à maior distância possível de I que ele, o analista, é chamado pelo sujeito a encarnar. É dessa idealização que o analista tem que tombar para ser suporte do a separador, na medida em que seu desejo lhe permite, numa hipótese às avessas, encarnar, ele, o hipnotizado.
>
> Essa travessia do plano da identificação é possível. Cada qual daqueles que viveram até o fim comigo, na análise didática, a experiência analítica, sabe que o que eu digo é verdade. (Lacan, 1988b, p. 258)

Essa travessia do plano da identificação, isto é, do "fantasma", é possível. "Cada qual daqueles que viveram até o fim comigo" os remete à possibilidade do fim de análise, algo que sempre foi visto como sem fim. O fantasma precisa ser encarado em muitas ocasiões (dirá Lacan mais adiante, na mesma página) para que a pessoa possa se denominar *analisada*.

Durante praticamente todo o Seminário 11, Lacan aborda o tema do analista, principalmente em relação à transferência. Nesse evento, o psicanalista afirma que o conceito é determinado pela função em que ocorre a práxis do analista; assinala também que o conceito de inconsciente não pode ser separado do conceito de analista, sendo a presença do analista ela própria uma manifestação do inconsciente.

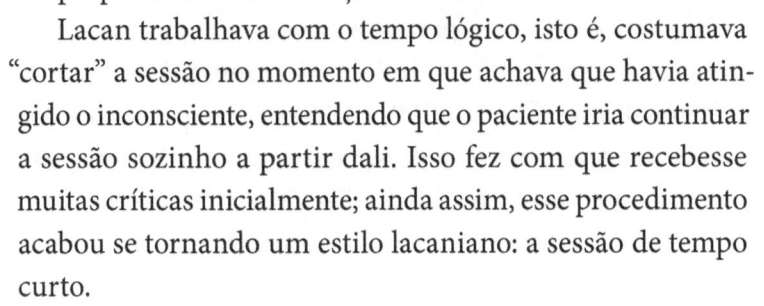

Lacan trabalhava com o tempo lógico, isto é, costumava "cortar" a sessão no momento em que achava que havia atingido o inconsciente, entendendo que o paciente iria continuar a sessão sozinho a partir dali. Isso fez com que recebesse muitas críticas inicialmente; ainda assim, esse procedimento acabou se tornando um estilo lacaniano: a sessão de tempo curto.

6.5
Lacan: contribuições à educação

Parece que a grande contribuição que a psicanálise, em específico, a psicanálise lacaniana, pode dar à educação é a leitura com o prisma psicanalítico, principalmente no que diz respeito às relações de transferência estabelecidas entre o aluno e seu professor e à contratransferência por parte do professor.

Justo (2004, p. 95) identifica "um ponto a ser destacado dentro da visão de homem e mundo: a mundaneidade resulta da presença do homem inserido em lugares designados por uma rede de relações". Um aspecto que pode ser pensado com respeito à educação é o estágio do espelho, em que "o professor, enquanto tipo humano, representa o espelho no qual o aluno se mira para se reconhecer ou rejeitar as imagens de si e do mundo ali refletidas" (Justo, 2004, p. 95). Esse fenômeno do espelhamento é estruturante da relação professor-aluno. "Enquanto lugar-função na estrutura das relações, o professor terá que se constituir no lugar do ideal do ego do aluno, ele terá que representar para os alunos suas aspirações mais elevadas, seus projetos, o ideal de si mesmo que persegue e procura alcançar" (Justo, 2004, p. 95).

Outra questão que podemos pensar é indicada por Ferretti (1997), que aponta para a interdisciplinaridade, em que a experiência analítica pode vir a fornecer uma teoria e uma ética. Um aspecto que representa mais um elo com a educação é a transmissão: "Quando se pensa na transmissão existente nos cartéis, uma forma privilegiada na psicanálise, pergunta-se pelo tipo de discurso que aí impera. Também, as mudanças provocadas no sujeito através do tratamento analítico" (Ferreti, 1997, p. 61), embora seja diferente de uma transferência de conhecimento acadêmico, são efeitos com um elo social estruturado pelo discurso analítico.

Síntese

A releitura lacaniana do pensamento de Freud ultrapassou a psicanálise e fez do psicanalista francês uma figura importante da intelectualidade francesa das décadas de 1950 a 1970. Enquanto Freud elaborou sua leitura do sujeito humano com base na biologia e, posteriormente, na psicologia, Lacan, com base nas releituras dos textos freudianos, utilizou instrumentos que não foram privilegiados por Freud, como a filosofia, a matemática e a linguística. A perspectiva de Lacan pode ser resumida na seguinte frase: "O inconsciente é estruturado como uma linguagem" (Miller, 2003, p. 1).

Entre os conceitos lacanianos relacionados à constituição do sujeito estão as instâncias do **real**, do **simbólico** e do **imaginário**. O real diz respeito àquilo que é inexprimível e inverificável, portanto, não simbolizável. O simbólico, por sua vez, diz respeito às palavras que falamos; nesse caso, a linguagem é uma reunião de significantes, cada significante correspondendo a uma palavra. Já o imaginário é uma manifestação psíquica do ego (eu) do indivíduo.

O indivíduo busca na figura do Outro a inteireza de seu próprio ser. O Outro (com maiúscula), em Lacan, é uma expressão que vem do francês *Autre*, traduzido para o português como "Outro", e que se relaciona com o latim *alter*, de onde vem a palavra *alteridade*. Alves (2012) explica que o conceito lacaniano do Outro é considerado ambíguo, pois conta com muitos aspectos: "'O Outro é o tesouro dos significantes', 'O Outro é o lugar da verdade', 'O inconsciente é o discurso do Outro', 'O desejo do homem é o desejo do Outro', 'O Outro não existe', 'não há Outro do Outro', 'O Outro é a mulher'". O Outro conta com várias atribuições de acordo com nossa interpretação. Por exemplo: no registro simbólico, a mãe (fálica) castra o indivíduo.

Outro conceito é o de objeto "a", objeto causa do desejo ou objeto perdido – a falta. Assoun (1999) afirma que esse conceito viabiliza, em Lacan, uma verdadeira retórica da castração, visto que trata de objetos perdidos. Assoun (1999) relaciona o objeto pequeno "a" a perdas infligidas no decorrer da vida do indivíduo, pois o desenvolvimento é caracterizado por várias frustrações: o seio, as fezes, a amamentação e seus estímulos. Como dito antes, cada sujeito tem de enfrentar seu "fantasma" para se consolidar como sujeito e lidar cotidianamente com essas perdas. Com o pequeno "a" é que institui cada ser humano.

Atividades de autoavaliação

1. Com relação à psicanálise lacaniana, podemos afirmar:
   I) O inconsciente é estruturado como uma linguagem.
   II) Lacan ressignifica o pensamento freudiano por meio da linguística, da filosofia e da matemática para explicar os conceitos psicanalíticos.
   III) Três são os registros para o estudo dos conceitos lacanianos: real, simbólico e imaginário (RSI).
   IV) O mais importante na teoria lacaniana é o objeto de transição.
   V) A psicanálise lacaniana caracteriza-se por um conteúdo facilmente apreensível.

   Agora, assinale a alternativa que indica as afirmativas corretas:

   a) Somente as afirmativas I, II e III estão corretas.
   b) Somente as afirmativas I e IV estão corretas.
   c) Somente as afirmativas II e III estão corretas.
   d) Somente as afirmativas II, III e IV estão corretas.
   e) Somente as afirmativas IV e V estão corretas.

2. O estruturalismo é uma corrente de pensamento das ciências humanas que se inspirou no modelo da linguística e que depreende a realidade social a partir de um conjunto

considerado elementar (ou formal) de relações. Como Lacan era estruturalista, esse modelo aparece em uma de suas teses centrais:
a) O inconsciente pode ser alienado.
b) O inconsciente segue o tempo cronológico.
c) O inconsciente é estruturado como uma linguagem.
d) A inconsciente lida somente com a realidade.
e) O que importa é o ambiente e não o inconsciente.

3. Relacione os conceitos listados com as afirmações correspondentes:
1) Objeto "a"
2) Real
3) Imaginário
4) Simbólico
5) Nome do pai

( ) Refere-se àquilo que é inverbalizável e que não pode ser simbolizável.
( ) Representa as palavras que utilizamos; nesse caso, linguagem age como um grupo de significantes, e cada significante corresponde a uma palavra.
( ) É manifestação psíquica relacionada ao ego (eu) do indivíduo.
( ) Representa os objetos perdidos no decorrer do desenvolvimento – o seio, as fezes, a voz e o olhar da mãe.
( ) Trata-se de um conceito lacaniano que remete à lei. O pai, na etapa do Édipo, representa essa lei para o menino – a lei que simbolicamente interdita o incesto.

Agora, assinale a sequência correta:

a) 1, 3, 4, 2, 5.
b) 2, 4, 3, 1, 5.
c) 3, 2, 4, 1, 5.
d) 4, 2, 1, 3, 5.
e) 4, 3, 2, 1, 5.

4. Assinale com V para as afirmativas verdadeiras e com F as falsas:

( ) O nome do pai é um conceito lacaniano que diz respeito à figura da lei. O pai, na etapa do Édipo, simboliza esse conceito para o menino – a lei que simbolicamente interdita o incesto.

( ) "O inconsciente é o discurso do Outro". Há, então, no dito de Lacan uma implicação que remete ao Outro (A), que é a estrutura na qual está o sujeito mergulhado e que dá sentido ao seu discurso.

( ) As ideias de Lacan representam uma psicanálise muito antiga, quase anterior a Freud.

( ) O estágio do espelho é um importante conceito lacaniano: entre os 6 e os 18 meses, o ego atinge sua inteireza. É por meio da referência do outro que o eu é consolidado. Em outras palavras, a unidade surge da imagem.

( ) O falo "é sempre algo 'real' ou virtualmente faltoso (não se tem ou se pode perder)" (Napoli, 2009). Normalmente, associamos *falo* a *pênis* e à questão da castração freudiana, sendo o segundo apenas o ponto inicial da representação do primeiro. Em outras palavras, o falo representa simbolicamente o pênis. Napoli (2009) explica ainda que o falo consiste em qualquer elemento cujo valor seja compatível com a significação que o pênis tem para o pequeno no complexo de castração. E que significado seria esse? É o da completude, especialmente para o pequeno que tenha presenciado a existência do órgão genital feminino, razão pela qual esse órgão gera medo de perda no menino e desejo de posse na menina. Obviamente, essas sensações são causadas pela aversão à incompletude.

Agora, assinale a alternativa que indica a sequência correta:

a) V, V, V, V, V.
b) V, F, F, V, V.
c) F, V, V, V, F.
d) V, V, F, V, V.
e) F, F, V, V, F.

5. Assinale a alternativa **incorreta**, ou seja, aquela que não condiz com a teoria lacaniana:
   a) Os quatro discursos são: o discurso do senhor, o discurso da universidade, o discurso da histérica e o discurso do analista.
   b) Lacan trabalhava com o tempo lógico, isto é, costumava "cortar" a sessão no momento em que achava que havia atingido o inconsciente, entendendo que o paciente iria continuar a sessão sozinho a partir dali.

c) A visão de Lacan era basicamente humanista, pois trabalhava com reiteração e empaticamente.
d) O Outro, em Lacan, vem do francês *Autre*, traduzido para o português como "Outro", e relaciona-se com o latim *alter*, de onde vem a palavra *alteridade*. Com o conceito de "grande Outro", podemos pensar que Lacan deseja abranger a relação do homem com todos os elementos que participam da elaboração de seu eu.
e) Os objetos "a" (pequeno a – objetos perdidos no decorrer do desenvolvimento – seio, fezes) remetem à falta e à incompletude.

Atividades de aprendizagem

Questões para reflexão

1. Justo (2004, p. 95) identifica "um ponto a ser destacado dentro da visão de homem e mundo: a mundaneidade resulta da presença do homem inserido em lugares designados por uma rede de relações". Um aspecto que pode ser pensado com respeito à educação é o estágio do espelho, em que "o professor, enquanto tipo humano, representa o espelho no qual o aluno se mira para se reconhecer ou rejeitar as imagens de si e do mundo ali refletidas" (Justo, 2004, p. 95). Esse fenômeno do espelhamento é estruturante da relação professor-aluno. "Enquanto lugar-função na estrutura das relações, o professor terá que se constituir no lugar do ideal do ego do aluno, ele

terá que representar para os alunos suas aspirações mais elevadas, seus projetos, o ideal de si mesmo que persegue e procura alcançar" (Justo, 2004, p. 95). O que você pensa a esse respeito?

2. Forbes e Leite (2000, p. 1) afirmam:

> A psicanálise do Século XXI já é muito diferente daquela que Freud propunha. O mundo não é mais o mesmo: os avanços das ciências e das comunicações trouxeram novas soluções e reformularam os problemas das mulheres e dos homens. Não se adoece mais da mesma maneira, não se é mais feliz ou infeliz da mesma forma. O homem, o pai, o filho, o amante são outros. A mulher, a mãe, a filha, a amada são outras. A orientação que Jacques Lacan deu à psicanálise freudiana retirou-a do terreno hermenêutico, preparando-a para o tratamento desse sujeito pós-moderno, caracterizado pela falta de ideais e de paradigmas; potencialmente irresponsável em sua subjetividade.

Pesquise sobre o pós-modernismo e a psicanálise e elabore um texto de 10 linhas a respeito do tema.

Atividade aplicada: prática

1. Entreviste um ou dois terapeutas que trabalhem na linha da psicanálise lacaniana e questione-os sobre as diferenças em relação a outras linhas de trabalho em clínica.

Considerações finais

Nosso intento nesta obra foi apresentar um panorama inicial de conceitos fundamentais da psicanálise e suas principais vertentes, bem como sua aplicação na área da psicopedagogia.

Inicialmente propusemos uma ligação possível entre a psicanálise e a educação, de modo a evidenciar de imediato as possibilidades de trabalho na área da psicopedagogia com a epistemologia convergente de Visca, um entre tantos teóricos argentinos a darem contribuições para a área da educação.

Em seguida, voltamos a atenção aos grandes nomes da psicanálise do século XX. Nesse percurso, a figura de Sigmund Freud é de fundamental importância, pois foi ele quem abriu as portas do inconsciente e desbravou esse elemento tão enigmático da estrutura humana. Procuramos mostrar, de forma resumida, obviamente, o percurso árduo e, em certos momentos, trágico e controverso do psicanalista austríaco. Como não poderia deixar de ser, examinamos as três instâncias da psique humana (ego, superego e id) e seus desdobramentos, bem como discutimos o papel do psicanalista e os procedimentos desse profissional no trabalho de escuta do paciente.

Passando do específico para o genérico, transferimos nosso foco para dois conceitos fundamentalmente modernos: a infância e a adolescência. Dos estímulos que cercam o bebê até as transformações da adolescência, buscamos evidenciar o funcionamento da psique nessas etapas importantíssimas para o desenvolvimento psicológico do indivíduo.

Considerando a construção teórica sobre esses dois períodos da vida do ser humano, aprofundamo-nos nas abordagens de Pichon-Rivière e Winnicott.

Para tratarmos da difícil interação do sujeito com a realidade que o cerca, estimulando-o e agredindo-o ao mesmo tempo, analisamos os diferentes mecanismos de defesa da psique, de modo a demonstrar que, para lidar com a vida que o cerca, o indivíduo ora se tortura, ora se engana, ora retorce e oculta a realidade, em uma sucessão de repetições que, muitas vezes, o desgastam profundamente.

Na sequência, descrevemos os vários estágios de desenvolvimento do indivíduo no começo da vida, fundamentais para a formação do sujeito e para a leitura que a psicanálise faz dele. Partimos da etapa oral, centrada na boca, instrumento por meio do qual inicialmente o bebê entra em contato com tudo o que o cerca, e chegamos à estabilidade da vida adulta, quando, ao menos em teoria, o ser humano já se vê capaz de dominar seus instintos e analisar racionalmente os estímulos à sua volta.

Por fim, destacamos aquele que levou a psicanálise a um novo patamar, o da linguagem: Jacques Lacan. Procuramos demonstrar que a visão desse estudioso, ao conferir ao inconsciente uma estrutura verificável, é das mais desafiadoras, levando-se em conta o mergulho que o teórico fez em outras áreas do conhecimento – incluindo a linguística – para dar uma nova roupagem à psicanálise.

Glossário

Agressividade: "no sentido restrito designa comportamento hostil, destrutivo. Para a psicanálise é a manifestação do instinto de morte" (Shirahige; Higa, 2004, p. 43).

Consciente: "é somente uma pequena parte da mente, inclui tudo do que estamos cientes num dado momento" (Fadiman; Frager, 2002, p. 7). É tudo aquilo que conhecemos.

Conflito neurótico: "é sempre um conflito inconsciente, gerador de angústia, sintomas ou perturbações do caráter, como as tentativas crônicas e falhas de resolução. Dá-se entre exigências instintivas e morais, entre desejos ou pulsões e a repressão ou mecanismos de defesa, ou entre o ego e o id, dependendo do ponto de vista. A fórmula final é Superego + Ego X Id, isto é, o ego reprime o id sob as ordens do superego" (Quiles, 2001, p. 91).

Desejo: "remete a um fenômeno da linguagem – é a expressão pela palavra da incompletude do sujeito e de sua condição de faltante. O desejo expressa as buscas, por meio da palavra, dos objetos supostamente perdidos" (Justo, 2004, p. 104).

Ego: "É uma das estruturas da personalidade que se origina do id mediante o contato com o meio externo" (Shirahige; Higa, 2004, p. 43).

Eu: "no sentido amplo, refere-se à instância psicológica constituída pela diferenciação sujeito/mundo. Reúne funções e qualidades como consciência, memória, controle motor, pensamento e percepção, sendo mediador entre o Supereu (Superego) e o Isso (Id)" (Justo, 2004, p. 105).

Fase anal: "Entre dois e quatro anos as crianças aprendem a controlar seus esfíncteres" (Quadros, 2009, p. 85). A primazia do prazer é o ânus e existe uma valorização do bolo fecal pelas crianças.

Fase fálica: "terceira fase da organização da libido, na qual o pênis é o objeto de interesse das crianças de ambos os sexos. Fálico origina-se de falo, que significa pênis" (Shirahige; Higa, 2004, p. 43).

Fase oral: "Neste estágio que compreende o início da vida tem-se que a sensibilidade, a necessidade de prazer, o impulso à vida e a fonte de conhecimento do bebê está situado [sic] na boca" (Quadros, 2009, p. 80).

Gozo: "termo muito utilizado na teoria lacaniana. Diferencia-se do prazer, comumente tomado como a sensação de alívio pela redução da tensão no uso de um objeto desejado. O gozo está no campo da palavra e desenrola-se num plano simbólico. É a satisfação obtida no manejo da linguagem, na obtenção dos sentidos de buscas do sujeito e não na posse propriamente dita dos objetos. O que desejamos na relação com o 'outro' não é ele em si, mas seu desejo, suas intenções em relação a nós e nos realizamos com o encontro simbólico do 'outro'" (Justo, 2004, p. 105).

Histeria: "neurose na qual o conflito psíquico simboliza-se nos mais diversos sintomas corporais, sejam ataques ou duradouros (anestesias, paralisias, dores), sobre um fundo de caráter típico, como a sedução, a teatralidade, a ingenuidade sexual e transtornos sexuais variados, como a frigidez, a erotização dos vínculos etc. Os mecanismos de defesa usados são a conversão e a repressão" (Quiles, 2001, p. 92).

Id: "é o polo instintivo ou pulsional da personalidade, dentro do qual se diferenciam o ego e o superego. Seu conteúdo é basicamente inconsciente, podendo ser hereditário ou recalcado" (Shirahige; Higa, 2004, p. 43).

Identificação: o sujeito humano só pode ser psicologicamente construído por outro ser humano, ou seja, por um idêntico, igual. Então, a identificação é um processo de tornar-se igual a alguém no que diz respeito ao pensar e aos comportamentos (Quadros, 2009).

Inconsciente: em Freud, são conteúdos não acessíveis à consciência. "Região psicológica formada por conteúdos recalcados e pulsões móveis e errantes capazes de migrarem para objetivos e objetos variados" (Justo, 2004, p. 105). No sentido lacaniano é estruturado como uma linguagem, nos quais o representante (significante) é separado do representado (significado).

Instintos: são pressões que dirigem um organismo para fins particulares. (Fadiman; Frager, 2002, p. 8).

Instinto de morte (pulsão de morte): "são pulsões que se contrapõem às pulsões de vida e tendem a reconduzir o ser vivo ao estado inorgânico. Quando voltadas para o interior tendem à autodestruição e quando dirigidas para o exterior manifestam-se sob a forma de agressividade e hostilidade" (Shirahige; Higa, 2004, p. 43).

Instinto de vida (pulsão de vida): "são os instintos que servem para autoconservação e perpetuação da espécie e que se contrapõem às pulsões de morte" (Shirahige; Higa, 2004, p. 43).

Libido: "é a designação de energia sexual, ou seja, é a energia que constitui o substrato das transformações dos impulsos sexuais" (Shirahige; Higa, 2004, p. 43).

Mecanismo de defesa: são formas que o ego encontra para lidar com situações subjetivas do sujeito. "As defesas do ego podem dividir-se em: a – defesas bem-sucedidas, que geram a cessação daquilo que se rejeita, e b – defesas ineficazes, que exigem repetição ou perpetuaçãodo processo de rejeição, a fim de impedir a irrupção dos impulsos rejeitados" (Fenichel, 2004, p. 131).

Metáfora: "figura de linguagem pela qual o efeito de sentido é produzido fazendo a palavra migrar de um campo semântico para outros e, assim, por semelhança, associá-la a um objeto diferente daquele que habitualmente ela designa, por exemplo, quando chamamos uma pessoa de 'burra'" (Justo, 2004, p. 105). A metáfora condensa significados.

Metonímia: "figura de linguagem pela qual a significação é produzida pela substituição de uma palavra por outra com a qual possui uma relação de continuidade. Assim o todo pode ser expresso por suas partes" (Justo, 2004, p. 106). Um exemplo é substituir a obra pelo autor, como em "Adoro esse Portinari".

Narcisismo: estado em que o próprio ego é tomado como objeto de amor (Laplanche; Pontalis, 2001). Acontece quando o sujeito investe toda a energia da libido em si próprio. Talvez a fórmula "Eu me amo" sintetize o conceito.

Objeto: "termo utilizado para nomear pessoas ou coisas do ambiente externo, animadas ou não, que são significativas para a vida psíquica do sujeito" (Shirahige; Higa, 2004, p. 44).

Outro: grafado com maiúscula, em Lacan, "designa tudo aquilo que determina o sujeito, que funciona como seu espelho e especifica, na relação, seu lugar no mundo. Pode ser tomado como a cultura, o mundo social e simbólico que ronda o sujeito" (Justo, 2004, p. 106).

Paranoia: "refere-se a uma organização e um funcionamento psicológico em que predominam a ansiedade persecutória (temor de um ataque repentino perpetrado por inimigos e delírios de perseguição, erotomaníacos e de grandeza" (Justo, 2004, p. 106).

Princípio de realidade: "é o princípio pelo qual o ego opera, suspendendo temporariamente a descarga de tensão (princípio do prazer), até que seja encontrado um objeto apropriado para a satisfação da necessidade" (Shirahige; Higa, 2004, p. 44).

Princípio do prazer: "é o princípio pelo qual o ego opera reduzindo a tensão" (Shirahige; Higa, 2004, p. 44).

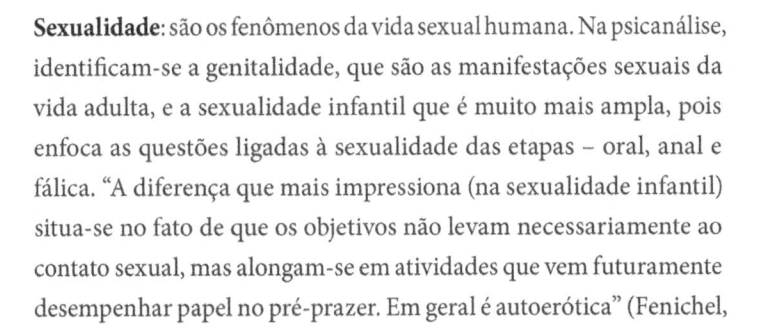

Sexualidade: são os fenômenos da vida sexual humana. Na psicanálise, identificam-se a genitalidade, que são as manifestações sexuais da vida adulta, e a sexualidade infantil que é muito mais ampla, pois enfoca as questões ligadas à sexualidade das etapas – oral, anal e fálica. "A diferença que mais impressiona (na sexualidade infantil) situa-se no fato de que os objetivos não levam necessariamente ao contato sexual, mas alongam-se em atividades que vem futuramente desempenhar papel no pré-prazer. Em geral é autoerótica" (Fenichel, 2004, p. 55).

Significado: "é a ideia ou conceito veiculado pelo significante. Trata-se de uma questão psicológica, posto que o significado não é o referente ou objeto real, mas a ideia formada sobre ele e que o representa na mente do sujeito" (Justo, 2004, p. 106).

Significante: "no uso corrente, refere-se ao substrato material do signo – designa tudo que transporta significado – sons, imagens visuais, impressões táteis, olfativas, gustativas, cenestésicas etc." (Justo, 2004, p. 106).

Signo: "unidade básica da linguagem constituída pela articulação do significante com o significado. Em algumas teorias linguísticas o signo portaria também um referente ou imagem mental da coisa ou daquilo que está sendo representado" (Justo, 2004, p. 107).

Transferência: "processo psicológico que consiste em transferir para pessoas ou objetos aparentemente neutros emoções ou atitudes que existem no indivíduo desde a infância. Na terapia psicanalítica, a transferência é essencial para a cura. Trata-se de uma relação afetiva particular que o paciente estabelece como terapeuta para reviver suas experiências passadas" (Shirahige; Higa, 2004, p. 44).

Referências

ABDUCH, C. Grupos operativos com adolescentes. In: BRASIL. Ministério da Saúde. Secretaria de Políticas de Saúde. Área de Saúde do Adolescente e do Jovem. **Cadernos Juventude, Saúde e Desenvolvimento**. Brasília, 1999. p. 213-222. v. 1.

ADAMSON, G. **O ECRO de Pichon Rivière**. Disponível em: <https://www.nescon.medicina.ufmg.br/biblioteca/imagem/2100.pdf>. Acesso em: 31 jul. 2018.

ALMEIDA, B. **Os três tipos de ansiedade para Freud**. Disponível em: <http://www.psicologiamsn.com/2014/11/os-3-tipos-de-ansiedade-para-freud.html>. Acesso em: 20 abr. 2018.

ALVES, V. L. da S. O pequeno e o grande outro na construção subjetiva do sujeito. In: JORNADA DE SAÚDE MENTAL E PSICANÁLISE DA PUCPR, 7., 2012, Curitiba.

AMBROSIO, F. F.; VAISBERG, T. M. J. A. O estilo clínico ser e fazer como proposta para o cuidado emocional de indivíduos e coletivos. **Revista da SPAGESP: Sociedade de Psicoterapias Analíticas Grupais do Estado de São Paulo**, São Paulo, v. 10, n. 2, p. 49-55, jul./dez. 2009.

ASSIS, A. L. A. **Influências da psicanálise na educação**: uma prática psicopedagógica. Curitiba: Intersaberes, 2012.

ASSOCIAÇÃO PSIQUIÁTRICA AMERICANA. **Manual diagnóstico e estatístico de transtornos mentais**: DSM-V. 5. ed. Porto Alegre: Artmed, 2014.

ASSOUN, P. L. **O olhar e a voz**. Rio de Janeiro: Companhia de Freud, 1999.

BASTOS, A. B. B. I. A técnica de grupos-operativos à luz de Pichon-Rivière e Henri Wallon. **Psicólogo Informação**, n. 14, ano 14, p. 160-169, jan./dez. 2010. Disponível em: <http://pepsic.bvsalud.org/scielo.php?script=sci_arttext&pid=S1415-88092010000100010&lng=pt&nrm=iso&tlng=pt>. Acesso em: 31 jul. 2018.

BIRMAN, J.; NICÉAS, C. A. (Org.). **Transferência e interpretação**. Rio de Janeiro: Campus, 1982.

BORGES, G. M.; PERES, R. S. Mecanismos de defesa em pacientes oncológicos recidivados: um estudo clínico-qualitativo. **Psicologia em Pesquisa**, v. 7, n. 2, p. 171-179, jul./dez. 2013.

BOSSA, N. A. A formação do psicopedagogo no Brasil: uma especialização. In: BOSSA, N. A. **A psicopedagogia no Brasil**: contribuições a partir da prática. 3. ed. Porto Alegre: Artmed, 2007. p. 37-50.

BOSSA, N. A. **A psicopedagogia no Brasil**: contribuições a partir da prática. Porto Alegre: Artmed, 2011.

BRASIL – Ministério da Saúde do Brasil; OPAS – Organização Pan-Americana. **Saúde e sexualidade de adolescentes**. Brasília: Imprensa Oficial, 2017.

CABAS, A. G. **Curso e discurso da obra de Jacques Lacan**. São Paulo: Moraes, 1982.

CAMARGO, A. C. C. S. de. **Educar**: uma questão metodológica? Proposições psicanalíticas sobre o ensinar e o aprender. Petrópolis: Vozes, 2006.

CAMAROTTI, M. do C. O nascimento da psicanálise de criança: uma história para contar. **Reverso**, Belo Horizonte, ano 32, n. 60, p. 49-54, set. 2010.

CASTRO, J. C. L. de. O inconsciente como uma linguagem: de Freud a Lacan. **Cadernos de Semiótica Aplicada**, v. 7, n. 1, p. 1-12, jul. 2009. Disponível em: <https://periodicos.fclar.unesp.br/casa/article/view/1773/0>. Acesso em: 31 jul. 2018.

CECATTO, G. M. A função materna e o desenvolvimento infantil. **Rede PSI**, 18 jul. 2008. Disponível em: <http://www.redepsi.com.br/2008/07/18/a-fun-o-materna-e-o-desenvolvimento-infantil/>. Acesso em: 31 jul. 2018.

CECCARELLI, P. O sofrimento psíquico na perspectiva da psicopatologia fundamental. **Psicologia em Estudo**, Maringá, v. 10, n. 3, p. 471-477, set./dez. 2005.

CERQUEIRA, A. C. **Jacques Lacan**. Disponível em: <http://febrapsi.org.br/biografias/jacques-lacan/>. Acesso em: 31 jul. 2018.

CLÉMENT, C. **Vidas e lendas de Jacques Lacan**. São Paulo: Moraes, 1983.

COLEÇÃO GUIAS DA PSICANÁLISE. São Paulo: Escala, 2013. v. 1.

CORTEZ, C. Z. As representações da infância na Idade Média. In: JORNADA DE ESTUDOS ANTIGOS E MEDIEVAIS, 10., 2011, Maringá. Disponível em: <http://www.ppe.uem.br/jeam/anais/2011/pdf/comun/03018.pdf>. Acesso em: 31 jul. 2018.

DAVIDOFF, L. L. **Introdução à psicologia**. São Paulo: Makron Books, 2001.

DGS – Direção-Geral de Saúde. Ação de Saúde sobre Género, Violência e Ciclo de Vida. **Violência interpessoal**: abordagem, diagnóstico e intervenção nos serviços de saúde. 2. ed. Portugal: Lisboa, 2016. Disponível em: <https://www.dgs.pt/accao-de-saude-para-criancas-e-jovens-em-risco/ficheiros-externos/violencia_interpessoal-pdf.asp*>. Acesso em: 31 jul. 2018.

DI SANTO, J. M. **Disciplina na escola**: tarefa e construção desafiadora. Monografia. Universidade de São Paulo, 2004.

DUNKER, C. I. Revolução na clínica. **Cult**, São Paulo, n. 125, p. 42-45, 2008.

ENCYCLOPAEDIA BRITANNICA. Rio de Janeiro, 1979.

FADIMAN, J.; FRAGER, R. **Teorias da personalidade**. São Paulo: Harbra, 2002.

FEIST, J.; FEIST, G. J.; ROBERTS, T. **Teorias da personalidade**. 8. ed. Porto Alegre: AMGH, 2015.

FELICE, E. M. de. O lugar do brincar na psicanálise das crianças. **Psicologia: Teoria e Prática**, São Paulo, v. 5, n. 1, jun. 2003. Disponível em: <http://pepsic.bvsalud.org/scielo.php?script=sci_arttext&pid=S1516-36872003000100006>. Acesso em: 31 jul. 2018.

FENICHEL, O. **Teoria psicanalítica das neuroses**. Rio de Janeiro: Atheneu, 2004.

FERREIRA, F. G. A dialética hegeliana: uma tentativa de compreensão. **Revista Estudos Legislativos**, Porto Alegre, ano 7, n. 7, p. 167-184, 2013.

FERRETTI, M. C. G. O sujeito na psicanálise e na educação. **Estilos da Clínica**, São Paulo, v. 2, n. 3, p. 58-63, 1997.

FIGUEIRA, S. A. Algumas ideias sobre Winnicott. In: CATAFESTA, I. F. M. (Org.). **D. W. Winnicott na Universidade de São Paulo**: o verdadeiro e o falso. São Paulo: Edusp, 1996. p. 131-142.

FIGUEIRA, S. A. **Freud e a difusão da psicanálise**: estudos sobre a estrutura e o funcionamento do campo psicanalítico. Porto Alegre: Artes Médicas Sul, 1994.

FILLOUX, J. C. **Psicanálise e educação**. São Paulo: Expressão e Arte, 2002.

FIORI, W. R. Desenvolvimento emocional. In: RAPPAPORT, C. R.; FIORI, W. R.; DAVIS, C. **Psicologia do desenvolvimento**: a idade pré-escolar. São Paulo: EPU, 1981. p. 1-44.

FONTANA, D. **Psicologia para professores**. Tradução de Doris Sanches Pinheiro. 2. ed. São Paulo: Manole, 1991.

FORBES, J.; LEITE, M. P. de S. O que é psicanálise de orientação lacaniana. In: SEMINÁRIO MINISTRADO NA USP-OFICINA, 2000.

FORLENZA NETO, O. As principais contribuições de Winnicott à prática clínica. **Revista Brasileira de Psicanálise**, São Paulo, v. 42, n. 1, p. 82-88, mar. 2008.

FREUD, S. A dinâmica da transferência (1912). In: FREUD, S. **Edição standard brasileira das obras completas de Sigmund Freud.** Rio de Janeiro: Imago, 1980a. v. XII.

FREUD, S. A história do movimento psicanalítico (1914). In: FREUD, S. **Edição standard brasileira das obras completas de Sigmund Freud.** Rio de Janeiro: Imago, 1980b. v. XIV.

FREUD, S. **A interpretação dos sonhos.** Tradução de Walderedo Ismael de Oliveira. Rio de Janeiro: Imago, 2001.

FREUD, S. Dois verbetes de enciclopédia. (1923 [1922]). In: FREUD, S. **Edição standard brasileira das obras psicológicas completas de Sigmund Freud.** Rio de Janeiro: Imago, 1985. p. 287-312. v. XVIII.

FREUD, S. **Edição standard brasileira das obras completas de Sigmund Freud.** Rio de Janeiro: Imago, 1976.

FREUD, S. Esboço de psicanálise. (1939). In: FREUD, S. **Edição standard brasileira das obras completas de Sigmund Freud.** Rio de Janeiro: Imago, 1980c. v. XXIII.

FREUD, S. Estudos sobre a histeria (1896). In: FREUD, S. **Edição standard brasileira das obras completas de Sigmund Freud.** Rio de Janeiro: Imago, 1980d. v. II.

FREUD, S. Moral sexual 'civilizada' e doença nervosa moderna (1908). In: FREUD, S. **Edição standard brasileira das obras completas de Sigmund Freud.** Rio de Janeiro: Imago, 1980e. v. IX

FREUD, S. Novas conferências introdutórias sobre psicanálise (1933). In: FREUD, S. **Edição standart brasileira das obras completas de Sigmund Freud.** Rio de Janeiro: Imago, 1980f. v. XXII.

FREUD, S. Os instintos e suas vicissitudes (1915). In: FREUD, S. **Edição standard brasileira das obras completas de Sigmund Freud.** Rio de Janeiro: Imago, 1980g. v. XIV.

FREUD, S. Totem e tabu. (1913). **Edição standard brasileira das obras completas de Sigmund Freud.** Rio de Janeiro: Imago, 1980h. v. XI.

FREUD, S. Três ensaios sobre a teoria da sexualidade (1905). In: FREUD, S. **Edição standard brasileira das obras completas de Sigmund Freud**. Rio de Janeiro: Imago, 1980i.

FRIEDMAN, H. S.; SCHUSTACK, M. W. **Teorias da personalidade**: da teoria clássica à pesquisa moderna. São Paulo: Prentice Hall, 2004.

FUNDAÇÃO ABRINQ. **Cenário da infância e adolescência no Brasil 2017**. São Paulo, 2017. Disponível em: <http://www.chegadetrabalhoinfantil.org.br/wp-content/uploads/2017/03/Cenario-2017-PDF.pdf>. Acesso em: 31 jul. 2018.

GARCIA-ROZA, L. A. **Freud e o inconsciente**. 28. ed. Rio de Janeiro: Zahar, 2017.

GAY, P. **Freud**: uma vida para o nosso tempo. São Paulo: Companhia das Letras, 2012.

GIDDENS, Anthony. **Sociologia**. 6 ed. Porto Alegre: Penso, 2012.

GUSMÃO, A. S. C. de. Sociologia, história e conhecimento de senso comum. **Sociologia e Estado**, Brasília, v. 30, n. 2, maio/ago. 2015. Disponível em: <http://www.scielo.br/scielo.php?script=sci_arttext&pid=S0102-69922015000200531>. Acesso em: 31 jul. 2018.

HEYWOOD, C. **Uma história da infância**: da Idade Média à época contemporânea no Ocidente. Porto Alegre: Artmed, 2004.

JACCARD, R. **Freud**. São Paulo: Ática, 1990.

JERUSALINSKY, A. N. **Psicanálise do autismo**. Porto Alegre: Artes Médicas, 2012.

JUSTO, J. S. A psicanálise lacaniana e a educação. In: CARRARA, K. (Org.). **Introdução à psicologia da educação**: seis abordagens. São Paulo: Avercamp, 2004. p. 72-107.

KUPFER, M. C. **Freud e a educação**: o mestre do impossível. São Paulo: Scipione, 2004.

KUPFER, M. C. Notas sobre o diagnóstico diferencial da psicose e do autismo na infância. **Psicologia USP**, São Paulo, v. 11, n. 1, p. 85-105, 2000. Disponível em: <http://www.scielo.br/scielo.php?script=sci_arttext&pid=S0103-65642000000100006&lng=en&nrm=iso&tlng=pt>. Acesso em: 31 jul. 2018.

KUSNETZOFF, J. C. **Introdução à psicopatologia psicanalítica**. Rio de Janeiro: Nova Fronteira, 1994.

LACAN, J. **A ética da psicanálise**. Rio de Janeiro: Zahar, 1988. (O Seminário, Livro 7).

LACAN, J. A instância da letra no inconsciente ou a razão desde Freud. (1966). In: LACAN, J. **Escritos**. São Paulo: Perspectiva, 1998a. p. 223-260.

LACAN, J. Função e campo da fala e da linguagem em psicanálise. (1953). In: LACAN, J. **Escritos**. (1953). São Paulo: Perspectiva, 1998b. p. 101-188.

LACAN, J. **Os escritos técnicos de Freud**. Rio de Janeiro, Zahar, 1988a. (O Seminário, Livro 1).

LACAN, J. **Os quatro conceitos fundamentais da psicanálise**. 3. ed. Rio de Janeiro: Zahar, 1988b. (O Seminário, Livro 11).

LACAN, J. **Mais, ainda**. 3. ed. Rio de Janeiro: Zahar, 1985. (O Seminário, Livro 20).

LACAN, J. Seminário sobre A carta roubada. (1956). In: LACAN, J. **Escritos**. São Paulo: Perspectiva, 1998c. p. 17-68.

LACAN, J. Subversão do sujeito e dialética do desejo no inconsciente freudiano. (1960). LACAN, J. In: **Escritos**. São Paulo: Perspectiva, 1998d. p. 275-312.

LAPLANCHE, J.; PONTALIS, J.-B. **Vocabulário da psicanálise**. 4. ed. São Paulo: M. Fontes, 2001.

LEITE, M. P. de S. Diagnóstico, psicopatologia e psicanálise de orientação lacaniana. **Revista Latinoamericana de Psicopatologia Fundamental**, v. 4, n. 2, p. 29-40, 2000.

LEVINZON, G. K. O uso de um objeto transicional na situação de impasse analítico. In: CATAFESTA, I. F. M. **O verdadeiro e o falso**: a tradição independente na psicanálise contemporânea. São Paulo: Edusp, 1996. p. 131-142.

LIMA, J. F. **Epistemologia convergente método que conduz a aprendizagem**. 19 jul. 2010. Disponível em: <http://prazeres-lima.blogspot.com.br/2010/07/epistemologia-convergente-metodo-que.html>. Acesso em: 31 jul. 2018.

LOURENÇO, A. **Coleção Guias da Psicanálise**. São Paulo: Escala, 2013. v. 1.

MARQUES, A. C. I. **Mecanismos de defesa do ego, apoio social e autopercepção do envelhecimento em adultos mais velhos**. Dissertação (Mestrado Integrado em Psicologia). Lisboa: Universidade de Lisboa – Faculdade de Psicologia, 2012.

MARTINEZ, L. **Escola e família**: dez questões atuais sobre o relacionamento professores/pais/comunidade. Rio de Janeiro: Fundação Escola de Serviço Público/Jornal Extra, 2007.

MEES, L. A. A neurose obsessiva. **Revista da Associação Psicanalítica de Porto Alegre**, Porto Alegre, n. 17, ano 9, p. 37-41, nov. 1999. Disponível em: <http://www.appoa.com.br/uploads/arquivos/revistas/revista17.pdf>. Acesso em: 31 jul. 2018.

MELLO, F. A. F. **O desafio da escolha profissional**. Campinas: Papirus, 2002.

MEZAN, R. **Freud**: pensador da cultura. 7. ed. São Paulo: Companhia das Letras, 2006.

MILLER, J.-A. O que é ser lacaniano? **Dora: Revista de Psicanálise e Cultura**, ano 1, n. 1, 1998.

MILLER, J.-A. Jacques Lacan e a voz. **Opção Lacaniana Online Nova Série**, ano 4, n. 11, jul. 2013.

MOLLO-BOUVIER, S. Transformação dos modos de socialização das crianças: uma abordagem sociológica. **Educação e Sociedade**, Campinas, v. 26, n. 91, p. 391-403, maio/ago. 2005. Disponível em: <http://www.scielo.br/pdf/%0D/es/v26n91/a05v2691.pdf>. Acesso em: 31 jul. 2018.

MONTEIRO, E. A. **A transferência e a ação educativa**. Dissertação (Mestrado em Educação) – Universidade de São Paulo, São Paulo, 2000.

MORETTO, C. C.; TERZIS, A. Contribuições teóricas e grupo operativo com pré-adolescentes. **Adolescência & Saúde**, Rio de Janeiro, v. 9, n. 4, p. 49-57, out./dez. 2012. Disponível em: <www.adolescenciaesaude.com/audiencia_pdf.asp?aid2=345...v9n4a08.pdf>. Acesso em: 31 jul. 2018.

MULLER, M. **Orientação vocacional**: contribuições clínicas e educacionais. Porto Alegre: Artes Médicas, 1988.

NAPOLI, L. **O que é falo?** 3 maio 2009. Disponível em: <https://lucasnapoli.com/2009/05/03/o-que-e-falo-final/>. Acesso em: 31 jul. 2018.

NASIO, J. D. **A histeria**: teoria e clínica psicanalítica. Rio de Janeiro: Zahar, 1991.

NASIO, J. D. **Introdução às obras de Freud, Ferenczi, Groddeck, Klein, Winnicott, Dolto, Lacan**. Rio de Janeiro: J. Zahar, 1995.

OLIVEIRA, D. M. de. **Contribuições para o estudo da adolescência sob a ótica de Winnicott para a educação**. Dissertação (Mestrado em Psicologia) – Pontifícia Universidade Católica de Campinas, Campinas, 2009.

OLIVEIRA, L. R. P. Sarah e os campos: clínica, metapsicologia e contratransferência. **Psicologia Clínica**, v. 51, n. 12, p. 37-53, 2000.

OLIVEIRA, M. P. de. Melanie Klein e as fantasias inconscientes. **Winnicott e-Prints**, São Paulo, v. 2, n. 2, 2007. Disponível em: <http://pepsic.bvsalud.org/scielo.php?script=sci_arttext&pid=S1679-432X2007000200005>. Acesso em: 31 jul. 2018.

OUTEIRAL, J.; CEREZER, C. **O mal-estar na escola**. 2. ed. Rio de Janeiro: Revinter, 2005.

PEREIRA, R. M. R. Infância, televisão e publicidade: uma metodologia de pesquisa em construção. **Cadernos de Pesquisa**, n. 115, p. 235-264, mar. 2002. Disponível em: <http://www.scielo.br/pdf/cp/n116/14400.pdf>. Acesso em: 31 jul. 2018.

PERRY, J. C. **Escalas de avaliação dos mecanismos de defesa**. 1991. Manuscrito não publicado.

PETRI, R. **Psicanálise e educação no tratamento da psicose infantil**: quatro experiências institucionais. São Paulo: Annablume/Fapesp, 2003.

Pichon-Rivière, E. **O processo grupal**. 8. ed. São Paulo: WMF Martins Fontes, 2009.

QUADROS, E. A. de. A afetividade no relacionamento professor aluno. In: ENTRE A EDUCAÇÃO E A INCLUSÃO, 7.; ENCONTRO DE PSICOLOGIA E EDUCAÇÃO: IMPLICAÇÕES NO PROCESSO DE ENSINO APRENDIZAGEM, 1., 2010, Paranaguá.

QUADROS, E. A. de. **A formação do sujeito em totem e tabu**. Dissertação (Mestrado em Psicologia Clínica) – Universidade Tuiuti do Paraná, Curitiba, 1999.

QUADROS, E. A. de. **Psicologia e desenvolvimento humano**. Curitiba: Sergraf, 2009.

QUADROS, E. A. de. **Psicologia e desenvolvimento humano**. Petrópolis: Vozes, 2017.

QUADROS, E. A. de. Psicopatologia e psicanálise. In: ENCONTRO DE PSICOLOGIA E EDUCAÇÃO, 2., 2011, Paranaguá. **Anais**... Paranaguá: Fafipar, 2011.

QUILES, M. I. **Neuroses**. São Paulo: Ática, 2001.

RAMIREZ, H. H. A. e. Sobre a metáfora paterna e a foraclusão do nome-do-pai: uma introdução. **Mental**, Barbacena, v. 2, n. 3, nov. 2004. Disponível em: <http://pepsic.bvsalud.org/scielo.php?script=sci_arttext&pid=S1679-44272004000200008>. Acesso em: 31 jul. 2018.

ROUDINESCO, E. **Jacques Lacan**: esboço de uma vida, história de um sistema de pensamento. São Paulo: Companhia das Letras, 2008.

ROUDINESCO, E. **Lacan, a despeito de tudo e de todos**. Rio de Janeiro: Zahar, 2011.

SAFATLE, V. Glossário de lacanês. **Folha de S. Paulo**, 8 abr. 2001. Disponível em: <http://www1.folha.uol.com.br/fsp/mais/fs0804200106.htm>. Acesso em: 31 jul. 2018.

SALATIEL, J. R. **Estruturalismo**: quais as origens desse método de análise? 11 ago. 2008. Disponível em: <https://educacao.uol.com.br/disciplinas/filosofia/estruturalismo-quais-as-origens-desse-metodo-de-analise.htm>. Acesso em: 31 jul. 2018.

SALLES, L. M. F. Infância e adolescência na sociedade contemporânea: alguns apontamentos. **Estudos de Psicologia**, Campinas, v. 22, n. 1, p. 33-41, 2005. Disponível em: <http://www.scielo.br/scielo.php?script=sci_arttext&pid=S0103-166X2005000100005&lng=en&nrm=iso&tlng=pt>. Acesso em: 31 jul. 2018.

SCHMIDT, M. B.; NUNES, M. L. T. O brincar como método terapêutico na prática psicanalítica: uma revisão teórica. **Revista de Psicologia da IMED**, jan./jun, , v. 6, n. 1, p. 18-24, 2014.

SHIRAHIGE, E. E.; HIGA, M. M. A contribuição da psicanálise à educação. In: CARRARA, K. (Org.). **Introdução à psicologia da educação**: seis abordagens. São Paulo: Avercamp, 2004. p. 13-46.

SILVA, C. P. da; NOGUEIRA, E. M. Dialética: da arte do diálogo ao "nível do ser". **Norte Científico**, v. 4, n. 1, dez. 2009. Disponível em: <https://periodicos.ifrr.edu.br/index.php/norte_cientifico/article/view/212/104>. Acesso em: 31 jul. 2018.

SILVA, J. H. P. e. **Principais conceitos de Winnicott (J. D. Nasio)**. Disponível em: <https://estudosqualitativos.wordpress.com/clinica-psicanalitica/principais-conceitos-de-winnicott-j-nasio/>. Acesso em: 31 jul. 2018.

SILVA, M. R. S. da. Os conceitos de voyeurismo e exibicionismo. In: SILVA, M. R. S. da. **Culto ao corpo**. São Paulo: Blucher, 2017. p. 29-40.

SÓFOCLES. **Édipo Rei**. São Paulo: Ediouro, 2000.

TANIS, B. Especificidade no processo de elaboração do luto na adolescência. **Revista Brasileira de Psicanálise**, v. 43, n. 3, p. 39-50, 2009. Disponível em: <http://pepsic.bvsalud.org/pdf/rbp/v43n3/v43n3a05.pdf>. Acesso em: 31 jul. 2018.

TELES, M. L. S. **Psicodinâmica do desenvolvimento humano**: uma introdução à psicologia da educação. 9. ed. Petrópolis: Vozes, 2001.

TOKARNIA, M. **Um em cada dez estudantes no Brasil é vítima frequente de bullying**. Brasília, 19 abr. 2017. Disponível em: <http://agenciabrasil.ebc.com.br/educacao/noticia/2017-04/um-em-cada-dez-estudantes-no-brasil-e-vitima-frequente-de-bullying>. Acesso em: 31 jul. 2018.

VISCA, J. **O diagnóstico operatório na prática psicopedagógica**. São José dos Campos: Pulso, 2008.

WINNICOTT, D. W. **O brincar e a realidade**. Rio de Janeiro: Imago, 1975.

ZAMBIANCHI, K. Eu te amo você. Intérprete: Marina Lima. In: LIMA, M. **Todas ao vivo**. Rio de Janeiro: Polygram, 1986. Faixa 3.

ŽIŽEK, S. Ler Lacan. **Coleção Guias da Psicanálise**, São Paulo, v. 1, 2013.

ZORNIG, S. M. A.-Z. As teorias sexuais infantis na atualidade: algumas reflexões. **Psicologia em Estudo**, Maringá, v. 13, n. 1, p. 73-77, jan./mar., 2008. Disponível em: <http://www.scielo.br/pdf/pe/v13n1/v13n1a08.pdf>. Acesso em: 31 jul. 2018.

Bibliografia comentada

ASSOUN, P. L. **O olhar e a voz**. Rio de Janeiro: Companhia de Freud, 1999.
Assoun mostra nessa obra como a psicanálise trabalha com a ordem do visível e a ordem da palavra e do silêncio. O livro enfoca a metapsicologia freudiana e a concepção lacaniana de objeto "a".

CLÉMENT, C. **Vidas e lendas de Jacques Lacan**. São Paulo: Moraes, 1983.
A autora apresenta por uma perspectiva própria, sua percepção das sociedades psicanalíticas lacanianas e da figura de Lacan. É uma leitura leve, pois conta a história da própria autora dentro dos círculos psicanalíticos lacanianos.

FENICHEL, O. **Teoria psicanalítica das neuroses**. Rio de Janeiro: Atheneu, 2004.
O clássico livro de Fenichel concentra-se no estudo das neuroses (também das perversões e da esquizofrenia) conforme a visão psicanalítica. O autor foi um grande professor convidado em várias universidades americanas e da Europa e também ministrou palestras em muitas outras difundindo as ideias psicanalíticas. Para quem deseja se aprofundar nos temas da psicopatologia psicanalítica é um texto importantíssimo.

FILLOUX, J. C. **Psicanálise e educação**. São Paulo: Expressão e Arte, 2002.
Filloux é um autor francês de grande proximidade com a educação. Nesse livro, o autor faz uma síntese de publicações europeias da

primeira metade do século XX e também busca na revista *Pedagogia Psicanalítica* históricos da ligação entre a psicanálise e a educação.

GARCIA-ROZA, L. A. **Freud e o inconsciente**. 28. ed. Rio de Janeiro: Zahar, 2017.

Nesse livro, o psicanalista Garcia-Roza parte da pré-história da psicanálise, abordando questões como a consciência da loucura, o saber psiquiátrico, a hipnose, Charcot e a histeria, e passa em seguida para o texto sobre o projeto de Freud para a psicanálise, de 1985, trabalhando nos demais capítulos questões ligadas ao desejo, à pulsão, à representação, ao recalcamento, ao inconsciente, ao sujeito e ao eu.

JUSTO, J. S. A psicanálise lacaniana e a educação. In: CARRARA, K. (Org.). **Introdução à psicologia da educação**: seis abordagens. São Paulo: Avercamp, 2004. p. 72-107.

Existem vários pensadores que tratam das formas como acontece a aprendizagem. Nesse texto em específico, há uma abertura para a psicanálise freudiana e lacaniana (ao lado de Wallon, Skinner, Piaget e Vygotsky). O texto de Justo, que é um dos capítulos do livro, é de imensa importância para quem pensa a psicanálise e a educação.

KUSTNETZOFF, J. C. **Introdução à psicopatologia psicanalítica**. Rio de Janeiro: Nova Fronteira, 1994.

Embora o título remeta à psicopatologia, o livro tem um longo capítulo muito bem elaborado sobre o desenvolvimento conforme a psicanálise.

MEZAN, R. **Freud**: pensador da cultura. 7. ed. São Paulo: Companhia das Letras, 2006.

O texto de Mezan é um clássico, publicado em 1985, quando havia poucos pensadores sobre a psicanálise no Brasil. O livro é resultado de sua tese de doutoramento. Aborda a relação de Freud com a cultura de várias maneiras e trata inicialmente do contexto cultural em que o médico austríaco nasceu e viveu. As reflexões de Freud com a cultura são os tópicos seguintes do livro – o mito fundante de totem e tabu, a psicologia das massas, a origem da moralidade, a religião e o mal-estar na civilização e no meio social.

Pichon-Rivière, E. **O processo grupal**. 8. ed. São Paulo: WMF Martins Fontes, 2009.

O livro trata de várias questões enfocadas por Pichon-Rivière sobre psicologia e psiquiatria, mas concentra-se no processo grupal e na relação dialética realizada pela psicologia social pichoniana ao articular a estrutura social e a fantasia inconsciente.

QUILES, M. I. **Neuroses**. São Paulo: Ática, 2001.

O autor faz uma síntese das principais neuroses, de maneira breve e de fácil compreensão.

ROUDINESCO, E. **Jacques Lacan**: esboço de uma vida, história de um sistema de pensamento. São Paulo: Companhia das Letras, 2008.

Roudinesco traça um panorama da história da psicanálise na França e mostra um retrato do pensamento e da vida de Lacan, o grande mestre da psicanálise francesa.

WINNICOTT, D. W. **O brincar e a realidade**. Rio de Janeiro: Imago, 1975.

O livro constitui um desenvolvimento do artigo de Winnicott "Objetos transicionais e fenômenos transicionais", no qual o autor trabalha múltiplos temas vinculados ao desenvolvimento e à brincadeira. As questões são apresentadas com muita criatividade e exemplos clínicos.

Respostas

Capítulo 1
1) a
2) a
3) e
4) a
5) d

Capítulo 2
1) a
2) c
3) b
4) d
5) c

Capítulo 3
1) a
2) c
3) b
4) d
5) c

Capítulo 4
1) c
2) a
3) c
4) d
5) b

Capítulo 5
1) e
2) c
3) b
4) d
5) c

Capítulo 6
1) a
2) c
3) b
4) d
5) c

Sobre o autor

Emérico Arnaldo de Quadros é psicólogo formado pela Universidade Estadual de Londrina (UEL), mestre em Psicologia Clínica, com ênfase em Psicanálise, pela Universidade Tuiuti do Paraná (UTP) e doutor na área de Psicologia, Profissão e Ciência pela Pontifícia Universidade Católica de Campinas (PUC-Campinas). É professor efetivo associado da Universidade Estadual do Paraná (Unespar), *campus* Paranaguá. Tem experiência em Psicologia Clínica. É líder do grupo de pesquisa Psicologia e Educação: Implicações no Processo de Ensino e Aprendizagem, em funcionamento desde 2009.

Os papéis utilizados neste livro, certificados por instituições ambientais competentes, são recicláveis, provenientes de fontes renováveis e, portanto, um meio **responsável** e natural de informação e conhecimento.

FSC
www.fsc.org
MISTO
Papel | Apoiando o manejo florestal responsável
FSC® C103535

Impressão: Reproset